AF451816

PRINCIPES ÉLÉMENTAIRES

Par Demandes et par Réponses.

CONTENANT

De nouveaux moyens pour classer, simplifier, éclaircir et diminuer les difficultés de la Lecture et de l'Orthographe.

Ouvrage méthodique et nécessaire aux Étrangers et aux Maîtres et Maîtresses qui n'ont point fait d'étude suivie de quelque Langue, pour apprendre l'Orthographe passablement aux Jeunes-Gens, sans avoir recours à la Grammaire, dont l'objet direct et vaste, est de traiter de la Langue Française, et non d'apprendre l'Orthographe. L'Orthographe est du ressort de la première classe. Elle se perfectionne dans les classes secondaires, que les trois-quarts des Enfans ne peuvent fréquenter.

Par O.* G.* E.* R.*

Prix 80 c. (16 sols), relié; et 65 c. 13 sols, broché.

A PARIS,

Chez
- LEFORT, Libraire, rue du Rempart-Honoré, n° 961.
- DENTU, Imprimeur-Libraire, Palais du Tribunat, Galeries de bois, n° 240.
- MARESCHAL, au Salon littéraire, cour des Fontaines, n° 1112.
- NYON, quai Voltaire.

AN IX. — 1801.

ERRATA.

Page 24, ligne 8 : gage, lisez *gage*.

Page 32, lig. 9 : composés, lisez *composées*.

Page 38, ligne 11 : lisez sans virgules.

Page 50, ligne 12 : *r* pour *s*.

Page 64, ligne 6 : lisez seulement *l'application du relatif, etc.*

Page 104, ligne 19 : lisez ainsi *è ès*.

Page 113, ligne 29, lisez *il y a trois*.

Page 117, ligne 15 : lisez *ois par ois*.

Page 118, ligne 16, lisez *du prétérit*.

Dans le Tableau, ligne 5, *u* a été omis.

     ligne 6, *fe* a été omis.

PRÉFACE.

Je me joins à ceux qui ont regardé le premier dégré, ou la première classe de l'instruction, comme une chose de la plus grande importance, et comme la science fondamentale, et de première nécessité. J'ai profité de leurs méthodes, pour tâcher de rendre celle-ci plus claire, plus instructive, plus facile, et par conséquent plus prompte et plus utile. La lecture et l'orthographe sont si obscures et si compliquées, que tout le monde est d'accord avec Duclos, qui a dit, que celui qui avait appris à lire, avait appris l'art le plus difficile. Leurs difficultés viennent particulièrement de certains sons de lettres, qui n'ont aucune justesse avec elles, et avec l'oreille; et des réunions de lettres dont le son propre à chacune, n'a aucun accord, ni en particulier, ni en général, avec le son convenu, qui en est le résultat. En effet, le *c* donne deux sons, qu'on rend dans l'épelation ordinaire par le même son, dans les mots cacis, efficace, succès ; le *g* donne deux sons dans gage, gigot ; le *s* donne deux sons dans saisir, saison ; le *t* donne deux sons dans restitution, nous portions nos portions : *a e* signifie, ou représente ê ; *eau* signifie o ; *eois*, *uais* signifient ê dans ces mots, je songeais, je conjuguais ; *oient*, *aient*, *ayent* signifient ê ; exemple, ils parlaient, ils étaient, qu'ils ayent ; *eaient* ou *eoient*, *uoient* signifient ê ; exemple, ils mangeaient, ou ils mangeoient, ils expliquoient, ou ils expliquaient. La lecture est donc bien énigmatique, puisque six lettres ne donnent point six sons, mais un seul qui leur est étranger, et quel est ce son ? C'est encore une énigme pour les enfans.

Pour diminuer les difficultés, j'ai tâché de les faire appercevoir, et j'ai rangé par classes, les voyelles composées, qui sont les plus grandes et les plus fréquentes difficultés de la lecture, lesquelles une fois bien sues, et approfondies, deviennent même des principes, pour l'orthographe. J'aurais bien voulu mettre des points, des accens, et des cédilles, pour indiquer les sons justes ; mais cela aurait occasionné une nouvelle et trop considérable dépense.

J'ai cependant mis une cédille sous ç quand il se prononce comme *s*, ou sifflé.

J'ai mis un point sur ġ, quand il se prononce comme *j*, c'est-à-dire par un son doux.

J'ai mis une cédille sous çh, quand il se prononce par un son sifflé, comme dans les mots *chevre*, *chien* ; car il se prononce autrement dans *Melchisedech*, *chaos*; parce qu'on l'a pu, sans faire fondre des caractères pour cela.

J'aurais bien voulu mettre une cédille sous t, quand il se prononce comme *c* à la dernière syllabe de certains mots, comme *nation, partiel*; un petit *z* sous *s*, quand il se prononce comme *saison*; et un point pour indiquer un son mouillé ou brisé, qui se trouve dans *caisse*, et non dans *caille*, dans *gai* et non dans *gaillard*, dans *kirielle* et non dans *k iat*, dans *chœur* et non dans *choriste*, dans *péril* et non dans *fil*, dans *filie* et non dans *ville*, dans *quelqu'un* et non dans *quoique*. Cela aurait été bien utile aux étrangers, qui ne peuvent entrevoir ces différences que par l'usage, c'est-à-dire par la mémoire.

J'ai mis un accent aïgu sur *en*, quand il ne se prononce pas comme *an*, mais comme dans le mot *bien*; car *en* donne ces trois prononciations, il vi*ent*, il s*ent*, ils parl*ent*.

J'ai mis des accens grave et aïgu sur *e*, où on n'en met point ordinairement pour marquer aux enfans que *e* n'y est pas muet, mais bien sensiblement ouvert ou fermé; au reste on n'en a pas mis par-tout, car il y en aurait eu trop.

J'ai ôté des accens graves sur des mots qui se prononcent toujours de même.

Je me suis servi d'un terme nouveau, qui est très-intelligible, en faveur seulement de la première classe d'instruction, pour apprendre plus facilement l'orthographe, sans avoir recours à la grammaire française, que les trois quarts des maîtres de la campagne ne peuvent enseigner, et qui étant une classe secondaire et plus relevée, a d'autres objets directs. Ce moyen de facilité, qui ne convient qu'à la première classe d'instruction, à cause de sa simplicité, et parce qu'il ne faut point changer les termes consacrés dans les hautes sciences, est approuvé par les grammairiens exclusivement.

J'ai rédigé cette méthode par demandes et par réponses, pour la rendre plus élémentaire, et pour que les enfans la comprennent mieux; parce qu'il est reconnu que, pour que les enfans soient plus instruits, il faut leur faire beaucoup de questions. Les maîtres les trouveront toutes faites, et elles seront particulièrement utiles aux maîtresses et aux étrangers, auxquels nous nous empressons de rendre notre langue qu'ils aiment, plus accessible, par l'exactitude des sons, et la lumière dans le chaos des voyelles composées, et des diphtongues, qui les embarrassent singulièrement.

J'ai combattu cette routine fausse et aveugle, qui en faisant prononcer cinq ou six sons pour un, donne des sons superflus, et par conséquent faux, et qui par-là répand du brouillard et de l'obscurité sur la matière, ensorte que les enfans apprennent plutôt à lire en devinant et par la fréquente répétition des mots, que par jugement et justesse des sons. Les maîtres même n'en ont que plus de peine. Ils se la diminueront et aux autres, s'ils veulent

réfléchir comme les auteurs qui ont tra-
vaillé pour eux ; et ils épargneront bien
des pleurs à ceux qui ne peuvent comprendre ce qui est inintelligible , faute
d'explication , et qui par conséquent
ne peuvent éviter certaines fautes.

J'ai fait un abrégé de méthode,
pour servir d'exercice à la fin du cours.
En effet , c'est sur les matières et objets
directs de la première instruction , que
les enfans doivent être exercés , ainsi
qu'il se fait dans toutes les classes
d'instruction plus relevées. Par-là les
maîtres auront le plaisir de voir que
les parens seront satisfaits des progrès
de leurs enfans. Les autres exercices
qu'on leur fait faire quelquefois , peuvent être utiles en ce qu'ils rendent
les enfans moins timides ; mais il est
plus avantageux d'être bien instruit
de la science fondamentale , qui les
concerne, et qui est une introduction
aux autres sciences , ou qui est nécessaire pour le commerce où l'on va
entrer.

On trouvera dans l'abrégé, les règles particulières de l'orthographe, pag. 114 et suivantes, qui n'ont point été mises de suite dans la méthode à la page 74, afin qu'elle fût moins volumineuse et moins chère. Ces règles proportionnées à la première classe d'instruction y sont expliquées et plus détaillées que dans les abrégés de grammaires, qui n'ont été faits, que pour suppléer au défaut des livres élémentaires ordinaires, qui ne donnent point assez de principes d'orthographe, et qui sont absolument insuffisans pour faire des grammairiens. D'ailleurs, il faut être passablement grammairien pour les expliquer comme il faut. On voit bien des maîtres et maîtresses qui les font apprendre à leurs élèves, mais sans pouvoir les expliquer.

Même les maîtres et maîtresses, qui ne voudroient pas se conformer en tout à cette méthode, ne peuvent mieux faire que de la faire lire aux enfans, à cause des détails instructifs et pratiques qui y sont renfermés ; auxquels ils s'habitueront insensiblement plus ou moins, par la justesse des sons et des raisons ; car ils font plus d'attention au sens de ce qu'ils lisent, qu'on ne croit.

J'ai fait un tableau de l'alphabet raisonné, parce que l'alphabet simple n'est propre, que pour apprendre les lettres et accens placés sur *e* : au lieu que l'alphabet raisonné est pour les combinaisons des lettres, et spécialement pour les exercices de l'orthographe. Toutes les écoles primaires, et même secondaires, devraient en avoir un écrit en grosses lettres, parce qu'il contient les pierres et les combinaisons de la langue écrite, auxquelles il faut souvent avoir recours, étant en partie la matière de la langue française. Cette matière a été traitée savamment et utilement, sur-tout par l'abbé Dangeau, Dumarsais, Bauzée, etc.

Il faut voir l'utilité de cette méthode page 120, et la table page 121.

C ITOYEN,

Nous avons lu vos principes élémentaires de lecture. Nous les croyons très-utiles par la pureté de la doctrine et par les détails intéressans dans lesquels vous entrez. Votre zèle pour le progrès des enfans mérite de justes éloges. Nous ne doutons point que les personnes respectables qui se consacrent au premier enseignement ne soient fort sensibles à la peine que vous avez prise d'applanir, autant qu'il était en vous, les difficultés de la lecture et de la première instruction.

DEWAILLY.

Au Palais des Sciences et des Arts, le 24 pluviose an IX de la République.

J'ai lu l'ouvrage dont parle avec éloge mon collègue Dewailly, et je partage l'opinion de ce grammairien célèbre.

DOMERGUE, de l'Institut national.

COPIE de la Lettre du Préfet du Département de la Seine, le 6 thermidor an 9.

Au citoyen O G E R.

CITOYEN, _conformément à votre désir, j'ai transmis vos_ Elémens de la Langue française _au Jury d'Instruction publique, en l'invitant à examiner cet Ouvrage, et à me dire s'il pouvoit être utile pour les Ecoles primaires. Il résulte de l'examen du Jury, que ce Livre est fait avec méthode, précision et clarté; et que, malgré quelques négligences de style et quelques assertions hasardées, il peut être admis avec succès pour servir à la première instruction. D'après cet avis favorable, j'engagerai, l'année prochaine, les Instituteurs primaires à se servir de cet ouvrage._

Le Préfet FROCHOT.

L'Alphabet extrait de ces principes par O G E R, Prix : 4 s. ou 20 cent., chez les mêmes Libraires.

Copie du Préfet du département de la Seine.

Paris le 26 fructidor an 10

Le Préfet

au citoyen Oger, rue Aumaire n° 9

J'ai reçu, Citoyen, votre lettre du 8 de ce mois. D'après le compte que je me suis fait rendu de votre ouvrage, j'ai ordonné qu'il serait mis au nombre des prix destinés aux élèves des écoles primaires

Le Préfet

1re Division
3e Bureau
n° 549

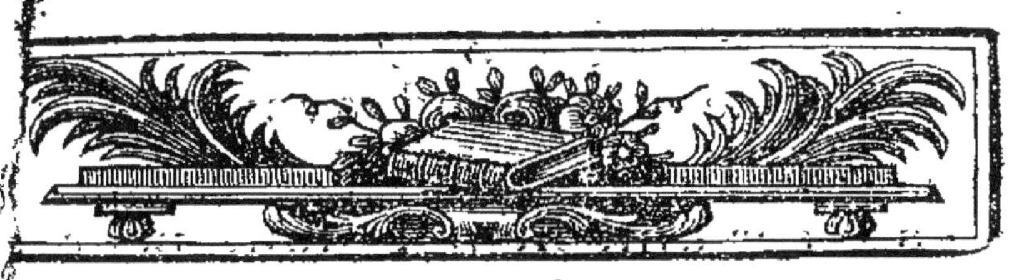

PRINCIPES
ÉLÉMENTAIRES,

Par Demandes et par Réponses.

CHAQUE langue a-t-elle un alphabet, c'est-à-dire, un certain nombre de lettres?

Oui.

1. Combien l'alphabet français en contient-il?

Vingt-cinq.

A quoi servent les lettres?

Elles servent a composer des mots.

2. A quoi servent les mots?

Les mots écrits représentent des idées a notre esprit, par le moyen les yeux, de même qu'il s'y en présente par les sons articulés de la langue.

3. Est-ce un grand avantage que de savoir lire et écrire?

Oui certainement, tant pour sa propre satisfaction, et pour l'agrément de la société, que pour l'intelligence, la facilité et l'étendûe du commerce.

4. Comment faut-il apprendre a lire?

C'est par le moyen le plus juste, et le plus court.

5. Faut-il éviter lès sons faux, et superflus?

Oui; cela èst essentiel en fait de principes.

6. Qu'entend-on par lès sons faux?

Ce sont ceux qui ne réprésentent point du tout par eux-mêmes a nos oreilles, le son juste qu'on cherche. Par éxemple, la réunion dès lettres *eau*, ne représente point naturellement le son o; car un *e*, un *a*, un *u*, pris a part, sont dès sons tout autres que le son o. Il èst donc étrange qu'on fasse réprésentér ce son simple o, par trois autres sons tout opposés.

7. Qu'entend-on par lès sons superflus ?

On entend par sons superflus, ceux
qui se prononçent en plus-grande
quantité qu'il ne faut, si on veut sui-
vre lès principes justes, et raisonnés.
Ainsi *eaient* ou *eoient* ne donnant pour
résultat, que le son simple ê, dans ils
mangeaient (mangeoient), il se trouve
dans çette réunion cinq sons superflus,
puisqu'on articule six sons, au lieu d'un
seul.

8. Y a-t-il quelque différence entre
lès lettres ?

Oui ; car èllès sont voyèlles ou consonnes.

9. Quèlles sont lès voyèlles ?

Lès voyèllès sont a, i, y, o, u, ê,
è, é, e.

10. Quèlles sont lès consonnes ?

Lès consonnes sont b, c, d, f, g,
j, k, h, l, m, n, p, q, r, s, t, v,
x, z, — ph, rh, th, ch, gn.

Prononçez-lès toutes par le son de
la voyèlle *e*, ainsi :

Be, çe, de, fe, ge, je, ke, he, le, me, ne, pe, qe, re, se, te, ve, xe, ze, — phe, rhe, the, che, gne.

11. Faut-il savoir distinguer les voyelles, et les consonnes?

Oui cela est nécessaire, pour l'application des principes.

12. Quelle différence y a-t-il entre les voyelles, et les consonnes?

Une voyelle est un son simple, pur, c'est-à-dire, sans mélange quelconque du son des autres lettres.

Une consonne, au contraire, n'est point un son simple, puisqu'elle ne peut être prononcée, qu'avec le son d'une voyelle. Le maître rend cela sensible en prononçant quelques voyelles, et de suite quelques consonnes.

13. Le son d'une voyelle peut-il être court, ou prolongé?

Oui.

14. Le son d'une consonne peut-il être prolongé?

Non : le son d'une consonne se lie,

se colle rapidement a la voyèlle ; et disparaît aussi-tôt. Le son qui reste, èst çelui de la voyèlle.

15. Une voyèlle seule peut-èlle faire un mot ?

Oui ; éxemple : *a* Paris.

16. Une consonne seule peut-èlle faire un mot ?

Non ; il faut pour çela qu'èlle soit jointe a une voyèlle.

17. Doit-on encore employér le son dès différentes voyèlles, pour nommér lès consonnes ?

Non ; ainsi on ne doit pas nommér h, *ache* ; k, *ka* ; x, *ix* ; q, *qu* ; l, *èlle* ; s, *èsse* ; z, *zèd*. Il faut nommèr toutes lès consonnes par le son de la même voyèlle, et de la même manière.

18. Pourquoi çela ?

1.º Parçe qu'il èst plus naturèl que leur son préçede çelui de la voyèlle ; 2.º pour qu'èlles soient du même genre masculin ; 3.º pour l'uniformité, et pour une plus grande façilité a faire sentir a l'oreille, la liaison dès con-

'sonnes aux voyèlles, et dès voyèlles aux consonnes.

19. Par quèlle voyèlle doit - on nommér lès consonnes ?

Ç'est par la voyèlle *e* ; la grammaire générale, lès grammairiens et presque tous les auteurs de méthodes élémentaires, le demandent aujourd'hui avec raison ; quoiqu'on pourrait se servir absolument d'une autre.

20. Doit-on prononçer lès consonnes par *e* muet, ou par *é* fermé ?

Lès uns lès prononçent avec *e* muet, et lès autres avec *é* fermé.

Je pense avec plusieurs auteurs, et autres savans, qu'il vaut mieux faire prononçér lès consonnes avec é fermé. 1.° parçe que l'expérience fait voir que lès commençans lès prononçent plus façilement avec é fermé, et qu'ils paraissent étonnés, et embarrassés a prononçer un son comme muet et obscur, auquèl ils ne comprennent rien encore, lès maîtres mêmes ayant de la peine a le rendre ; car çe son èst comme rétenu a moitié, et prononçé a régret. On ne prononçe point ainsi a moitié lès autres voyèlles. Dans lès commençemens de l'instruction, il ne faut point mettre dès entraves, au contraire, il faut lès évitér, et procurér toute facilité. D'ailleurs pour rendre çet *e* muet, on semble plutôt prononçér *eu*, qui èst une autre voyèlle composée a nos yeux, et essentièllement différente a nos oreilles, comme a notre vûe. Dans presque tous, ou dans tous lès départemens, on prononçe encore bé, cé, dé, pé, té, avec é fermé, comme son plus facile.

2.º parçe que, quand on prononçe une consonne, on la nomme par un monosillabe (mot d'une sillabe); mais on ne peut prononçér un monosillabe sans appuyér sur la voyèlle qui sèrt a le formér; quand on prononçe lès mónosillabes suivans ba, bi, bo, bu, ou appuie sur a, i, o, u, et on doit, par la même raison, appuyér sur é; ainsi on appuie plus sur les monosillabes *le* pain *de* Paris, *que* dans ces mots, bou*le*, mon*de*.

3.º parçe que, soit qu'on prononçe bé, de, ache, ix, qu, èlle, èsse, zèd, tous çes sons différens de voyèlles se perdent également, pour prendre le son de la voyèlle qui suit la consonne: çe son perdu s'appélle *scheva*; ainsi b exprimé par é fermé ou par e muet, k exprimé par a, font ba, bi, bo, bu; ki, ko, ku, lorsqu'ils sont plaçés devant çes voyèlles. Il ne faut donc pas gênér lès commençans sûr la prononçiation dès consonnes par e muet, puisque toutes lès voyèlles, qui peuvent sérvir a lès faire prononçer, s'absorbent naturèllement, a la rencontre d'une autre voyèlle, pour faire avec èlle une articulation, ou une sillabe.

Je me suis étendu dans çette note, parçe que j'ai vu qu'on embarrassait une femme de trente ans, sur la prononçiation d'*e* muet, auquèl èlle ne comprenait rien, pendant qu'èlle prononçait bien lès consonnes avec é fèrmé. L'essèntièl èst de se sèrvir de la même vòyèlle, et de faire préçédér le son de la consonne, afin que la consonne tombe sensiblement sur la voyèlle, et que lès consonnes soient toutes du genre masculin.

21. Lès voyèlles sont-èlles toujours simples a nos oreilles?

– Oui.

22. Lès voyèlles sont-èlles toujours simples, ou seules a nos yeux?

Non.

23. Comment appèle-t-on lès voyèlles qui ne sont pas simples a notre vûe?

Elles s'appèllent voyèlles composées.

24. Quèlle différençe y a-t-il entre une voyèlle simple, et une voyèlle composée?

Une voyèlle simple èst une voyèlle qui èst écrite par une seule lèttre. Une voyèlle composée èst écrite par plusieurs lettres, dont il ne résulte qu'un son ; ainsi l'orthographe dès oreilles èst bien plus naturèlle, que cèlle dès yeux.

25. Pourquoi mét-on la classe d'*e* la dernière dans l'arrangement dès voyèlles?

On la met la dernière, parçe qu'on ne se sèrt plus ordinairement aujour-d'hui du son de différentes voyèlles, pour fixér le son dès consonnes, mais de la voyèlle *e* qui le prête immédia-tement aux consonnes.

26. Pourquoi mét-on dès signes sur lès voyèlles ê, è, é, et comment lès nomme-t-on?

Le premiér èst l'acçent çirconflexe (^), le second èst l'acçent grave ('), le troisième èst l'acçent aigu ('').

L'acçent çirconflexe fait toujours prononçér ê bien ouvèrt et long. L'ac-çent grave rend quelquefois *è* autant ouvert que *é*, et quelquefois moins. L'acçent aigu fait prononçér *é* lès lè-vres et lès dents plus rapprochées, et fait donnér a *é* le nom d'*é* férmé, qui èst un son plus frappé, comme dans le mot régénéré.

27. Quand on apprend a lire, faut-il prononçér çès *e* par le son que l'accent désigne?

Oui, çela èst néçessaire, puisque ç'èst pour çètte prononçiation juste, que l'on a utilement inventé çès aççens. Faire le contraire, ç'èst n'être pas solidement instruit de la valeur dès aççens, et de l'intention de l'inyenteur; ç'èst trompér l'oreille et le jugement dès enfans, qui pensent beaucoup plus qu'on ne croit, et sur-tout dès pèrsonnes plus âgées.

28. Comment appèlle-t-on *e* sur lequèl on ne mét rien?

Il s'appèlle *e* muet, parçe qu'il a un son faible, éxemple : bomb*e*, mond*e*, ou même qu'il n'èn a point du tout, prinçipalement dans la convèrsation ordinaire, éxemple : la vûe, la vîe de l'homme sont bien born*ées*. On n'entend-la que lès voyèlles longues, et non *e* muet.

29. *e* marqué muet faute d'accent, n'èst-il pas souvent trompeur ?

e marqué muet trompe trop souvent lès enfans, et lès étrangers ; car il joûe un rôle faux la moitié du tems. Il èst faux dans çès mots qni sont d'un grand usage, puisqu'il y èst réèllement ou-vèrt, çes, des, lès, mes, ses, tes, tu es, il est, un ver, du fer, un verre, universel ; il èst férmé dans ceux-ci : pêcher, pommier, boulan-ger, boucher, étudier, tomber, vous parlez, vous parlerez ; il èst pour trois sons différens dans lès mots sui-vans, écrits par lès mêmes lettres *ent*, exemple : ils dis*ent*, il vi*ént*, il s*ent*; le v*ent*, prud*ent*. Il n'a aucun son dans *feu*.

30. Faut-il apprendre l'alphabet en le répétant tout entiér chaque fois ?

Non, il faut en apprendre seulement çinq ou six lettres pour une leçon. On lès répéte çinq ou six foís chacune jus-qu'à çe qu'on lès saçhe. Çhaque fois qu'on lès répéte, en lès considérant beaucoup , c'èst comme autant de coups de marteau , qui les enfoncent dans l'imagination , et la mémoire.

31. Y a-t-il dès consonnes qui aient deux sons?

Oui, sur-tout c et g, comme il èst facile de le rémarquer dans cès mots : cacis, succès, efficace ; gage, gigot.

32. Est-ce que c et *g* ont un son dur, et un son adouci ?

Oui. Ainsi, si c et *g* ont chacun deux sons très-différens, on ne peut, si on véut être exact, épelér cès deux sons par la même prononciation, autrement l'oreille ne trouve point de justesse.

33. Quel èst le son dur de c ?

Le son dur de c èst celui du mot *que*, ou bien c'èst le même du *k* ou du *q* ; cela se démontre sur le tableau, en frappant lès lettres, et en montrant lès mots canon, coton, étrits en trois façons : *canon, kanon, qanon ; coton, koton, qoton.*

34. Quel èst le son doux de ç ?

C'èst

Ç'èst çelui de la lettre *s*, que l'on montre sur le tableau.

35. Quand èst-çe que *c* èst dur ?

C èst dur devant a, o, u; devant lès consonnes, et quand il termine un mot; exemple : canon, coton, cuir,
on prononçe kanon,   qoton,   kuir,
cléf, avec, le béc, roc.
klef,   avek,   beq,   coq.

36. Quand ç èst-il prononçé doux ou sifflé ?

Ç èst prononçé doux ou sifflé, quand il èst plaçé devant i, ê, è, é, e, et quand il èst çédillé devant a, o, u, ainsi (ç); éxemple : çidre , çêne, proçès, forçé, forçe, façade, maçon, reçu.

37. Quèl èst le son dur de g?

Le son dur de g èst çelui que l'on entend à la dernière sillabe de çès deux mots, ba*gue*, fi*gue*.

38. Quand g èst-il dur?

G èst dur devant a, o, u, devant lès consonnes, et à la fin dès mots; éxemple : galon , gobelet, guide, grand ; Og, Astong (rue); g non pointé èst prononçé dur.

39. Quèl èst le son de ġ doux ?

Le son de ġ doux èst çelui que l'on entend à la fin du mot forge, ou bien ç'èst çelui de j, que l'on montre sur le tableau.

40. Quand ġ èst-il doux ?

G èst doux, ou a le son de j, devant i, ê, è, é, e; éxemple : gilet, gêne, Gigès, général, orge. Nous mettons un point sur ġ doux quand il se pronouçe comme j, qui devrait prendre sa place, depuis l'invention et l'introduction, en 1571, dès deux consonnes j, v.

Remarquons que quand ġ a une prononçiation douçe, dans les sillabes ou il se prononçe avec a, o, u, alors il èst suivi d'un e muet, qui sèrt a marquér que le son de ġ èst doux, èt on ne prononçe point e muet. Éxemple : il mangea (manja) un pigeon (pijon), mangeure, gageure (manjure, gajure); mais dans çertains mots *eu* se prononçe comme dans le mot *feu*; éxemple : mangeur, largeur, rongeur (manjeur, larjeur, ronjeur).

Voyèlles composées.

41. D'où viennent lès plus grandes, et lès plus fréquentes difficultés de la lecture et de l'orthographe?

Ç'èst dès voyèlles composées; ainsi je vais insistér sur çet article fondamental.

42. Pourquoi çela?

Ç'èst que dans lès voyèlles composées, lès lettres qui entrent dans leur composition, n'y donnent point leur son propre, ou plutôt n'y donnent point de son; car dans le mot écrit par lès lettres *beau*, qu'on prononçe comme s'il était écrit par *b o*, lès voyèlles *e*, *a*, *u*, n'y donnent aucun son propre. Il en èst de même dans ils mang*eaient*, ils conjugu*aient*, qui se prononçent par ê simple ainsi, ils mangè, etc.

Çés combinaisons regardent directement lès yeux, èlles ne sont tolérables que par l'usage. Èlles sont purement du ressort de la mémoire, l'oreille juste et la raison seraient d'accord pour lès proscrire, si lès hommes étaient moins attachés a leurs habitudes ; mais on lès trouve dans lès livres, il faut donc apprendre a lès lire.

43. Mais si lès voyèlles composées ne donnent qu'un son simple, il ne faut donc pas épelér lès lettres lès unes après lès autres ?

Non, sans doute : il èst çèrtain, il èst évident qu'un son simple ne peut pas être réprésenté par çinq ou six autres sons différens. Pourquoi n'être pas conséquent en fait de prinçipes de lecture, comme on l'èst en fait de prinçipes de musique et de peinture ? Que dirait-on d'un maître de musique qui voudrait faire réprésentér un son par çinq ou six autres sons différens.

44. Ne semble-t-il point, d'après çette explication, que l'aveugle routine, en faisant prononçér toutes lès lettres superflûes, embarrasse trop lès enfans, et doit lès retardér ?

Oui ; èlle lès empêche et lès retarde çertainement. Un père de famille, qui èst plein de bon sens, et qui èst habile dans son métiér, m'a dit qu'il ne savait pas lire, parce que, quand il avait voulu apprendre, après avoir prononcé une cèrtaine quantité de lettres, il lui était impossible de devinér, ou trouvér le résultat d'usage. Il se rébuta, et çèssa.

45. Puisque l'éducation èst si importante, et la routine qui l'entrave, si viçieuse, ne semblerait-il point nécessaire de l'abolir absolument ?

Oui, parçe qu'èlle èst visiblement opposée à la raison. Dumas, Berthaut, Dumarsais, Bauzée, Duclos, Wailly, Domergue, François de Neufchâteau, etc., en on dit tout le mal qu'èlle mérite : cependant on y tient encore dans lès écoles, où lès maîtres et maîtrèsses profèssent, sans avoir fait une étude particulière de la langue française, ou latine. Écoutons la raison, qui èst la vraie maîtrèsse de l'instruction. La raison nous dit, sur l'usage actuèl, que le son *o* simple èst le résultat de *eau* : que ç'èst le son *o* seul réprésénté mal a propos par trois lettres, que lès yeux voient, et lès oreilles délicates ne peuvent reconnaître : ainsi quand je lis le mot *beau*, je le lis comme *bo* : mais si la raison me dit que maintenant *eau* èst dans la stricte vérité la même chose a mès oreilles que o seul, j'ai donc grand tort de prononçér et épelér lès sons faux et superflus, *e a u*, au lieu de dire tout simplement o. Ç'èst encore pis, quand on fait épelér toutes lès lettres dès sillabes finales *geoient*, *quaient*, ou il y a quatre voyèlles de suite, et deux consonnes après. Exprimér dès voyèlles par dès consonnes, ç'èst exprimér la lumière par l'obscurité, le vrai par le faux.

46. Ceux et cèllés qui sont attachés à la routine, ou plutôt qui n'ont jamais réfléchi a çette doctrine fondamentale, objectent qu'on a toujours épelé comme ils font. On peut répóndre a çela, qu'on faisait bien jadis d'épelér tout, quand nos ançiens pères prononçaient

dans la convèrsation toutes lès lettres écrites ; mais nous avons dono tort de lès épelér comme eux , si nous parlons autrement qu'eux, ou plutôt si nous ne lès prononçons point du tout.

47. On objecte encore qu'il faut épelér toutes lès lettres , pour apprendre l'orthographe.

D'abord, ç'en èst bien asséz de s'occupér de la lecture , sans s'embarrassér déja de l'orthographe ; mais, je réponds, 1.º que lès enfans, qui ont beaucoup épelé et écrit, n'en quittent pas moins communément l'école, sans savoir orthographiér passablement. L'épelation èst donc insuffisante d'après l'expérience. Je ne dis rien de ceux qui n'ont pas même pu apprendre a lire par la routine de l'épelation, ou plutôt que cette épelation a embarrassés, et enfin forçés à tout abandonnér, çe qui n'èst pas rare. 2.º On voit que çe n'èst pas l'épelation, qui apprend l'orthographe suffisamment ; mais que çe doit être l'explication, l'intelligen-

çe, et l'application dès voyèlles composées. Çela èst prouvé par l'expérien-
çe. 3.° je suis bien d'avis qu'on épele,
mais il faut épelér d'après la raison et
nos maîtres célèbres, par le résultat
dès amas de lettres, qui rend un son
unique et juste a nos oreilles. Alors lès
enfans prononçant justement les voyèlles composés, s'y habitueront, s'en
feront même une espèce de routine
(bonne) et les appliqueront naturèllement et façilement, quand il s'agira
de s'éxerçér pour orthographiér. Alors
on pourra dire avec raison, que l'épelation juste doit contribuér beaucoup
a apprendre l'orthographe méthodi-
quement, avec le secours du maître.

Qu'il me soit permis de dire que lès
pères de famille auraient dans la suite
dès reproches mérités, a faire aux maîtres et maîtresses, qui s'obstinant sans
mauvaise volonté, a ne vouloir pas se
démordre de leur routine, seraient
pourtant réèllement la cause que leurs
enfans ne sauraient pas lire et écrire,

faute d'avoir exercé leur art avec plus de méthode. Quel malheur pour lès enfans ! Et quels reproches a se faire pour les maîtres !

Mais ils objectent de plus que s'ils faisaient lire suivant çès principes, lès parens le trouveraient mauvais, et lès prieraient de montrér comme ils ont appris eux-mêmes.

On peut répondre 1.º que l'intention générale dès parens, èst que leurs enfans apprennent le mieux, et le plus promptement qu'il se peut. 2.º qu'ils se rendront aux bonnes raisons qu'on leur donnera, et qu'ils sauront gré aux maîtres, de montrér mieux a leurs enfans, qu'on ne leur a montré a eux-mêmes, en lès faisant avançér avec méthode, et a grand pas dans la lecture et l'orthographe, qu'ils n'ont pas sûe, parçe qu'on ne la leur a pas apprise d'une manière si juste, et si raisonnée. 3.º qu'ils feront même compliment aux maîtres, quand ils verront quelqu'autre enfant instruit suivant çès principes, répondre sur eux, et lès mettre avec justèsse en pratique sur le tableau.

48. Puisque lès voyèlles composées sont une matière d'importançe, par rapport a l'éducation, èst-il avantageux d'y mettre le plus d'ordre, et de clarté que l'on peut ?

Oui ; ainsi pour ne lès pas confondre ensemble, sous le nom de voyèlles composées, qui le sont plus ou moins, on les distingue en voyèlles doubles, triples, quadruples, quintuples, et sextuples. Cette distinction fait mieux sentir le remède aux difficultés.

Lès voyèlles doubles sont écrites par deux lettres.

Lès voyèlles triples sont réprésentées par trois lettres.

Lès voyèlles quadruples sont écrites par quatre lettres.

Lès voyèlles quintuples sont réprésentées par cinq lettres.

Lès voyèlles sextuples sont écrites par six lettres.

Ainsi on peut dire qu'il y a un o sim-

ple, savoir *o* ; un o double, savoir *au*;
un o triple, savoir *eau* ; éxemple : ôtez,
autant, d'eau, pour le veau, ou lès
veaux, qu'il en faut.

De même on peut dire qu'il y a un
ê simple, double, triple, quadruple,
quintuple, sextuple (je ne sais s'il y
en a de plus composés). Éxemple de
çès voyèlles : ê, ës, èst, ais, eais,
aient, eaient, uaient ; *application* ,
être, tu ès, il èst ; je lisais, je sou-
geais ; qu'ils aient, ou qu'ils ayent ;
ils parlaient, ils songeaient, ils expliquaient (ou ils parloient), etc.

49. Quoi, toutes çès lettres, qui forment lès voyèlles composées, n'ont
aucun rapport sensible, et juste avec
le son simple pour lès oreilles ?

Çela èst vrai, et ç'èst çétte étrange
différençe, qui rend la lecture aujour-

dhui plus difficile aux enfans, qu'elle ne l'était à nos anciens pères, qui apprenaient a lire, il y a cent cinquante ans; car, ils prononçaient encore alors toutes les lettres dès mots, dans leur ordre, et ils lès écrivaient comme ils les prononçaient.

Mais a présent la langue parlée, et la langue écrite sont, pour la moitié dès mots, deux langues différentes. Il faut donc nécessairement aujourdhui apprendre a lire par une méthode raisonnée, simplifiée, et ajustée a notre prononciation.

50. Nos pères imprimaient-ils par le même nombre de lettres que nous, le mot ils *mangeaient*?

Oui.

51. Pourquoi le prononçons-nous autrement qu'eux?

Ç'èst que ce mot contenait plus de sillabes pour eux, que pour nous, qui n'en prononçons que deux, ainsi, ils *mangè*.

52. Mais, dira-t-on peut-être, on

èst

èst étonné, quand on entend épelér lès mots par le son dès voyèlles composées ?

Çela peut être étrange d'abord, car la routine èst déconçertée ; mais on y èst bientôt fait, parçe que çela èst plus court, et plus d'accord a l'oreille. Nos ançiens pères seraient aussi bien étonnés, s'ils nous entendaient épelér comme eux, et cependant dire tout autrement qu'eux. Une oreille attentive et réfléçhie èst bien étonnée aussi de la longue prononçiation de six lettres, qui ne produisent qu'un son disparate. Éxemple : *uoient* pour ê, *eaient* pour ê.

43. Faites-nous voir içi, en deux mots, l'utilité de la connaissançe dès voyèlles composéés.

Volontiers, 1.º, l'épelation èst bien plus courte, et plus façile par lès voyèlles composées, prononçées d'un seul coup, comme lès voyèlles simples ; 2.º quand on a la connaissançe raisonnée de çès voyèlles, qui suppose cèlle dès voyèlles simples, dès consonnes et dès acçens, on a plus de façilité a dire le mot entiér ; 3.° çès voyèlles deviennent familières par la répétition, et èlles sèrvent singulièrement pour orthographiér, ainsi qu'on l'a déja dit ; parçe que, quand on saìt conjuguér un vèrbe, on sait ou èlles sont régulièrement plaçées, vu qu'èlles terminent souvent lès dernières sillabes dès personnes, dès tems, dès vèrbes.

54. Y a-t-il d'autres éspèçes de voyèlles composées, qu'on appèlle voyèlles nazales ?

Oui, çès voyèlles nazales sont formées par lès deux consonnes *m, n.* Èlles s'appèllent nazales, parçe que le néz semble contribuér a leur prononciation. Il y en a de doubles et de triples ; éxemple : am, an ; im, in ; om, on ; um, un ; em, en ; aim, ain, ein. Leur ensemble forme un son simple et indivisible.

55. Par ou voit-on que çe qui fait ordinairement une voyèlle composée a

nos yeux, n'èst pas alors réèllement une voyèlle composée ?

Ç'èst par le tréma.

56. Qu'èst-çe que le tréma ?

Ç'èst deux points posés horisontalement ainsi (··). Çès deux points avertissent que la voyèlle, sur laquèlle ils sont plaçés, se prononçe séparément de la voyèlle qui préçède, et font faire une sillabe de plus dans le mot. Ainsi *ai, au*, sont deux voyèlles composées dans çès mots, haine, Saul (Paul); mais ils ne sont pas voyèlles composées dans çès deux autres mots, où il y a deux sillabes, a cause du tréma : haï, Saül. Un accent fait le même éffet; éxemple : obéir, réussir, poète.

57. Qu'èst-çe qu'une sillabe ?

Il èst bien essentièl de savoir distinguér lès sillabes, autant pour l'orthographe, que pour la lecture. Une sillabe èst un mot d'une seule articulation, ou une partie d'un mot, quand il contient plusieurs articulations. Çela se voit clairemènt dans le mot responsabilité articulé ainsi, res pon-sa-bi-li-té. Un mot qui n'a qu'une articulation se nomme monosillabe. Il faut bien savoir qu'une consonne entre deux voyèlles, se lie avec la voyèlle suivante pour commençér une sillabe ; éxemple : vé-ri-té.

58. Y a-t-il bien de la ressemblançe éxtérieurement entre beaucoup de voyèlles composées et çèrtaines diphthongnes ?

Oui ; car èlles sont écrites dans çertains mots par lès mêmes lettres.

59. Quèlle èst leur différençe essentièlle par rapport a l'oreille ?

Ç'èst que la voyèlle composée ne donne qu'un seul son simple dans la même sillabe ; au lieu que la diphthongue en général fait entendre deux sons de voyèlle dans une sillabe. Ainsi *ois*, *oient*, sont voyèlles composées dans je ser*ois*, ils ser*oient* ; mais ils sont diphthongues dans çès mots : je *vois*, ils *voient*. (Le maître rend çela sensible par la prononçiation et par la démonstration.)Lès mots lieu, lui, moi, la voix, soit, sont dès diphthongues.

60. Èst-çe qu'il n'y a rien a dire sur la réunion de plusieurs consonnes?

Oui ; il faut dire qu'il y a dès con-sonnes inséparables, ç'èst-à-dire, qui ne se prononçent point l'une après l'au-tre ; mais qui se prononçent insépara-blement par une seule émission de la voix. Èlles sont ordinairement dou-bles, mais quèlquefois triples, même quadruples ; éxemple : ble, bre, cle, cre ; fle, fre, ple, prè ; ste, tre, vre, spl, str, phth. Comme blanc, bras, etc. splendeur, stratagème, phthisie. Remarquons que phth èst quadruple en lettres, mais seulement double en son, parçe qu'il èst pour *ft* (ftisie).

Manière de faire lire.

61. Un maître doit-il faire épelér, ou ne pas faire épelér?

Lès sentimens sont partagés sur çe sujet. Lès uns font épelér, lès autres non. Çeux qui ne font pas épelér, évi-tent par-la lès sons faux et superflus dès voyèlles composées.

Pour moi, je pense qu'il vaut mieux épelér un peu de tems, parçe que la vûe, la prononçiation, l'oreille semblent concourir ensemble, pour faire apperçevoir, et trouvér le résultat de la liaison dès lettres. Je pense que ç'èst un petit acheminement, pour façilitér la position des lettres dans l'orthographe. Dans le sentiment contraire, si on ne fait pas une épelation phisique, on fait une espèce d'épelation mentale : autrement on lirait sans esprit. Dans çès deux manières, l'essentièl èst de faire voir et d'expliquer lès voyèlles composées, comme sources dès difficultés ; ajoutons que lès enfans apprennent plus vîte, en entendant épeler bien lès autres dans lès écoles publiques.

62. Si on épele, doit-on aussi nommér lès acçens qui sont posés sur lès voyèlles ?

Non çertainement ; car çès doubles mots acçent circonflexe, acçent grave, acçent aigu, ne font pas partie de la

-sillabe qu'on épele. Ce ne sont que dès simples signes, pour marquér le vrai son dès figures, *é*, *è*, *é* accentués. Nommer çès acçens, ç'èst insérér mal-à-propos dès mots superflus ; ç'èst visiblement mettre dès entraves.

60. Quand on trouve le circonflexe sur â, î, ô û, oû, que signifie-t-il ?

Il ne signifie pas que çès voyèlles doivent avoir un son plus ouvèrt ; mais simplement un son plus long, éxemple : pâte, gîte, le vôtre, flûte, goût ; généralement parlant le circonflexe, prolonge lès voyèlles.

L'acçent grave, posé sur *a*, *ou*, sèrt dans lès livres a marquér lès lieux ou une manière, éxemple : *ou* allez-vous ? *a* Paris. On lès multiplie inutilement et mal-à-propos ; car ils peuvent embarrasser. Les acçens n'ont point été inventés pour marquér lès idées. Il y a une infinité de mots qui se prononçent de même, et qui ont différentes idées ; par exemple : *son* (de violon), *son* (de froment), *son* (son livre), sans qu'ils soient acçentués. On ne s'y trompe pas pour çela dans la lecture. Quand on parle on ne met point d'acçens sur *ou*, ou sur *a*, s'y trompe-t-on pour çela ? Non : ils sont inutils a.

çeux qui n'en savent ni le nom, ni la destination ; aux savans qui distinguent tout par la matière dont il s'agit ; ils sont propres à embarrassér lés enfans qui lés vòient, et sur-tout lès étrangers, qui peuvent croire qu'ils doivent variér le son dès autres voyèlles, comme çelui dès *è*. On n'en met point dans çette méthode pour évitér tout doute aux étrangérs.

64. Y a-t-il quèlque remarque à faire sur la consonne *h* ?

Oui ; car le *h* se prononçe dans dès mots avec un son forçé qui semble venir de l'estomac. Quand il a çe son, il se nomme *h* aspiré; éxemple : hache ; quand il n'a point çe son, il s'appèlle *h* muet, parçe qu'il ne donne point un son sensible, comme dans çès mots, ç'est un *h*onnête *h*omme, prononçez ç'est un onnête omme.

63. La consonne *l* a-t-èlle toujours le même son ?

Non ; sa prononçiation ordinaire se fait entendre dans çés mots, fil subtil, ville, folle, foulon, mal, mâle, melon, mulle ; quand *l* a le son qu'on entend dans lès mots babi*l*, peri*l* , fi*ll*e , bai*l* , fenoui*l* , solei*l*; il s'appèlle *l* mouillé.

66. Le s a-t-il toujours le son sifflé ?

Non ; car, quand il se trouve entre deux voyèlles , il se prononçe comme *z*; exemple : parisien , besogne , présumér , maison , raisin. Il y a dès mots composés, ou le *s* entre deux voyèlles retient le son sifflé ; éxemple : monosillabe , parasol , vraisemblable.

67. Doit-on prononçer Israèl, comme Izraèl ? Non ; car le s n'est point entre deux voyèlles.

68. Le t se prononçe-t-il quèlquefois comme le c doux , ou plutôt comme ç ?

Oui, le t donne sès deux prononçiations dans le même mot asséz souvent ; éxemple : répétition , restitution ; prophétie , se prononçe autrement que partie.

69. Le x a-t-il un son fixe ?

Non ; le x èst une éspece de son composé, qui se prononçe jusqu'à cinq ou six fois différemment , suivant lès mots. La prononçiation de son nom èst *cse* ou *kse*.

70. Quèl èst le son du *ch* ?

1°. Le son propre du *çh* de la langue française, èst un son sifflé qu'on entend, quand on veut chassér un animal, et que tout le monde prononçe dans lès mots çhat, çhien, çhose, çhute, çhêne, çhaise, proçhain. Dans sès deux applications le *h* ne donne point de son. On a mis une çédille sous çh pour avertir du son sifflé.

2°. Mais le son du ch dúr est ordinairemènt çelui du *c* dur, ou de *k*, *q*, dans lès mots qui viennent dès langues étrangères ; éxemple : chaos, archiépiscopal, chorus, choriste, écho, Michèl-Ange, etc, on prononçe kaos, korus, koriste, Mikèl-Ange.

71. Comment faut-il prononçer la réunion dès deux consonnes *gn* ?

La prononçiation ordinaire des deux consonnes *gn* liées ensemble, èst un son mouillé qu'on entend à la fin de çès mots, beso*gn*e, campa*gn*e. On voit que le *g* n'y donne aucun son ; aussi lès Italiens n'en mettent point pour exprimér le même son ; ils mettent simplement un *n* accompagné d'un signe : ce qui èst plus court, et moins embarrassant.

Il y a dès mots où *gn* sont, deux consonnes inséparables, dans le même sens que bl., pr; alors le g a un son dur, parce qu'il èst devant une consonne ; ainsi *gn* donne deux sons dans cès mots, ignée, stagnation, inexpugnable ; *gn* au commençement des mots donne deux sons; éxemple : gnomon.

72. Comment prononçe - t - on la liaison du ph ?

Cès deux consönnes donnent simplement le son de la consonne *f*. Ç'èst un *fe* composé, qu'on appèlle *f* grec.

73. Comment prononçe-t-on la réunion de cès deux lettres rh (r grec) ?

Il ne résulte de cès deux lettres, que le son de *r*. Le *h* y èst muet.

74. Lès deux consonnes *th* liées ensemble donnent-èlles deux sons ?

Non ; car le *h* étant absolument muet , il n'y a que le t qui se prononçe. Ç'est un *t* grec.

75. Comment prononçe - t - on æ , œ ?

Comme é.

76. Quand une même consonne èst double dans un mot, faut-il lès partagér, quand on apprend à lire ?

Oui , parçe que la prémière a plus de rapport avec la voyèlle qui précède , et que la seconde s'unit a la voyèlle qui suit ; éxemple : *ville, vil-le.*

77. La voyèlle sonante à la dernière sillabe dès noms , a-t-èlle un son plus long ordinairement au pluriel, qu'au singuliér ?

Oui ; éxemple : le plat, lès plats ; un cri, lès cris ; un couteau , lès couteâux ; un écu , lès écûs ; la volonté , lès volontés ; un chou , lès choux ; exceptez lès noms terminés par s , x , z ; éxemple : le discours, lès discours ; la voix, lès voix ; le nez , les nez.

78. En èst-il de même pour lès relatifs ?   Le

Le mot rélatif joue dans cette méthode un rôle important ; il en séra parlé plus bas. Nous dirons simplement ici, qu'il èst pris en un sens nouveau, pour faciliter l'orthographe; et qu'il èst approuvé par lès grammairiens. Voyez lês n°s. 101 et 110.

Oui ; éxemple : vos frères sont con*nus* et réchèrch*és*.

79. L'apostrophe ('), qu'on voit dans beaucoup de mots, doit-èlle être nommée avec lès lettres dans l'épelation ?

Non ; car èlle embarrasserait la marche, en faisant prononçér un mot supérflu ; il faut la faire rémarquér, l'éxpliquér, et ne pas la nommér.

80. L'apostrophe tient-èlle la place d'une voyèlle ?

Oui ; èlle suppose qu'il y a deux mots, ou èlle se voit ; mais on prononçe çès deux mots, comme un seul, pour évitér l'*hiatus* qui èst une prononçiation embàrrassée et désagréable, par la rencontre de deux voyèlles : ainsi on prononçe l'âme, l'esprit

5

comme *lâme* , *lesprit* , au lieu d'écrire et prononçér la âme , le ésprit.

81. Quand *s* termine un mot , doit-on le supprimér , ç'èst-à-dire , ne le pas prononçér dans l'épelation ?

Oui ordinairement ; parçe qu'il n'y a que quèlques mots de langues anciennes en petit nombre où il se prononçe : alors on le prononçe dans l'épélation de çès mots , et dans la prononciation totale.

82. Y a-t-il dès mots ou *s* final ne se prononçe pas , quand on sait lire ?

Oui ; il ne se prononçe pas au présent de l'infinitif dès vèrbes en ér , si çe n'èst qu'il fût suivi , sans virgule immédiatement , d'un mot commençé par une voyèlle , et dans beaucoup de noms de plusieurs sillabes ; éxemple : il veut parlér , il veut donnér sès livres ; prononçéz parlé , donné. Un pêçhér , un pommiér , un boulangér , un merçiér , le dînér. On le prononçe dans lès monosillabes ; éxemple : le fèr , la mèr , un vèr , et dans d'autres mots ou *è* est ouvért ; St.-Omèr, Éthèr, enfèr. Il semble que l'usage fait ici la loi. Le *r* final se prononce dans les vèrbes en *ir* et en *oir*, et dans les mots invariables ; éxemple : par, pour, leur, finir, voir.

83. Quand les voyèlles composées *ai*, *eai*, finissent un mot, ont-elles le son d'é fermé ?

Oui ordinairement ; et peut-être toujours ; éxemple : j'ai, un geai, gai, je parlai, je parlerai.

84. Quand un enfant ne lit pas encore passablement, faut-il néanmoins lui faire faire les liaisons, que font ceux qui savent bien lire, pour rendre leur lecture plus coulante ou plus agréable ?

Non, car la lecture èst par elle-même asséz difficile, et un enfant ne peut guére pensér à deux choses embarrassantes en même tems. Quand il saura mieux lire, et qu'il pourra faire attention au sens de ce qu'il lira, il ne faudra pas beaucoup de tems et d'appli-

(52)

cation, pour faire lès liaisons d'usage.

85. Peut-il y avoir liaison entre lès mots, qui sont séparés par une virgule, etc. ?

Non ; la virgule empêche de faire lès liaisons entre mots qu'èlle partage.

86. Quèlles sont lès consonnes finales qui se lient avec lès voyèlles, qui commençent le mot suivant ?

Ce sont lès consonnes d, l, n, p, r, s, t, x, z; et peut-être encore lès autres ; éxemple : grand arbre, cruèl ennemi, mon ami, trop austère, pour obtenir, vous êtes, tout autre, peaux agréables, alléz à Paris : prononcéz gran tarbre, cruè lennemi, mo nami, tro paustère, pou robtenir, vou sêtes, tou tautre, peau xagréables, allé za Paris.

87. Faut-il rémarquér qu'il y a quèlques-unes de çès consonnes, qui prennent le son d'une autre consonne, a cause de la liaison ?

Oui ; ainsi on voit que, dans cès mots, *grand* arbre, *peaux* agréables, *vous* iréz , le *d* du mot grand prend le son de *t* ; le *s* de *vous* prend le son de *z* ; et le *x* de *peaux* prend le son dé *z*.

88. Lès noms terminés par la lettre *n*, font-ils liaison avec le mot suivant ?

Non ; çe sont lès rélatifs quifont liaison , et de même quèlques autres mots invariables ; ainsi , on ne dit pas du vi néxcèllent , une maiso nagréable ; il faut prononçér du vin éxcèllent , une maison agréable : au contraire on dit mo nami , bo nabricot , bien aimable , o nèst à table. Voyez le mot nom , n.º 100.

89. Y a-t-il dès mots difficiles à lire, qu'on ne doit point épelér ?

Oui ; ç'èst-à-dire qu'on ne doit point faire épelér la sillabe trop compliquée, tèlles que çèlles que l'on voit dans çès mots, cœur , chœur , gueule , queue, diphthongue, phthisie, sphynx, feuille, quenouille ; parçe que lès lettres et leur son n'ont point de réssemblançe avec le résultat. Çès mots sont dès énigmes pour lès enfans. Il faut

(54)

seulement faire bien remarquér la difficulté, et faire prononçér le mot difficile çinq ou six fois de suite.

90. N'y a-t-il point quèlque rémarque, à faire sur la voyèlle *y* grec?

Oui; il faut avèrtir lès enfans, 1.° que quand ils trouvent dans lès livres ançiens un *y* grec à la fin d'un mot, il se prononçe comme s'il y avait un *i* ordinaire; ainsi, moy, toy, loy, employ, se prononçent comme moi, toi, loi, emploi.

2.º Que *y* se prononçe simplement comme *i* quand il fait seul un mot; éxemple: il y va, il s'y prend bien, il y a longtems.

3.º Que y tient ordinairement dans lès mots de plusieurs sillabes (1) la plaçe de deux i. Il est composé de deux jambages, dont le prémiér èst i ordinaire, et le second èst alongé;

____

(1) J'ai écrit sillabe ainsi par i, et non syllabe par *y* grec, à cause du son simple *i*, en faveur dès enfans.

on le trouve dans cès mots , payér , pays , moyén , voyèlle.

4.º Que le prémiér jambage doit être joint dans l'épelation à la voyèlle qui précéde , et le second à la voyèlle qui suit , en çètte sorte , pai jer , pai js , moi jen.

5.º Le mot *employions* , ainsi orthographié , ne donne point le son de trois i , mais de deux seulement.

91. Devrait-on mettre une çédille sous *t* , quad il se prononçe comme ç ?

Oui ; de même qu'on a inventé , et mis une çédille sous ç , pour avèrtir qu'alors il a un son doux ou plutôt sifflé devant a , o , u , qu'il n'y a point ordinairement ; (éxemple : un maçon de Macon) de même aussi , on devrait en mettre une sous t , pour indiquér qu'il se prononçe comme ç. Par là lès étrangers sur-tout vèrraient qu'il faut prononçér différemment lès deux *t* dès mots partie , partièl ; et différemment nous portions nos *portions* (nos porçions).

92. N'y aurait-il point quèlque çhose à faire aussi à l'égard dès consonnes c , g , k , l , ll , q , ch , gn ?

Oui ; il serait très-utile , sur-tout pour lès personnes plus âgées, et pour lès étrangérs, de mettre un point sous çès lettres , pour leur faire connaître qu'èlles auraient un son mouillé, ou brisé ; ainsi , on mettrait un point sous le *c* de caisse , et non de caille ; sous le g de gaîté, et non de gaillard ; sous le k de kirièlle , et non de karat ; sous le *l* de péril, et non de subtil ; sous le double ll de fille , et non de ville ; sous le q de qui, et non de que; sous les deux de quèlqu'un , et non de quoique ; sous le ch de orchestre , et non de écho ; sous le prémiér ch de Melchisedech et non sous le second (Melkisedec) ; sous le gn de agneau, et non de gnomon et de stagnation.

Comme notre langue èst beaucoup aimée et répandue chéz l'étrangér , on ne peut trop , et trop tôt lui en facilitér la lecture , pour qu'èlle contribue, ensuite par sès prinçipes a lui en rendre l'orthographe moins embarrassante. N'aрt-on pas bien fait d'inventér et d'introduire lès açcens , la çédille , l'apostrophe , le tréma , le *j* et le *v* ? Nous pourrions donc nous sèrvir de notre point , sans rien dérangér. Faute de ce point , lès étrangérs ne peuvent attrapér notre prononçiation : avec lui , èlle serait indiquée , spéçifiée et comme notée.

Si çètte méthode était favorablement reçue du Gouvernement ou du public , on tâcherait d'introduire çès points dans une seconde édition.

93. Que signifient lès signes représentés ainsi , ; : . ? ! -?

Çès signes , suivant leur rang , s'appèllent , virgule , point et virgule , deux points , un point , un point interrogant , un point admiratif.

94. A quoi sèrvent çes signes ?

La virgule (;) indique qu'un mot n'a pas un rapport immédiat avec le précédent, et qu'il faut ordinairement faire une petite pause. Le point et virgule demandent que la pause soit plus sensible. Deux points demandent qu'elle soit encore plus marquée. Le point marque un vrai répos, parçe que le sens de çe que l'on a lu, èst fini. Le point interrogant signifie qu'on a fait une quéstion. Le point admiratif indique quèlque sentiment d'admiration, de surprise, ou d'indigñation.

En finissant nos réfléxions sur la lecture, àjoutons qu'il n'èst pas avantageux de faire dès livres élémentaires avec figures ; parçe que lès enfans sont bien plus curieux d'éxaminér lès figures que lès lettres, et parçe qu'élles rendent lès livres plus chérs, pour lès familles peu fortunées.

L'orthographe.

95. Quèl èst le but de l'écriture ?

Le vrai but de l'écriture consiste plus dans l'arrangement dès lettres, ou, si vous le vouléz, dans la composition dès mots, que dans la peinture ou façon dès lettres ; car on n'apprend a écrire que pour communiquér sès pensées, et faire sès affaires, par le moyen dès mots suffisamment ortho-graphiés, Qu'on ne s'imagine point que je fasse peu de cas de l'art mer-veilleux de nos nouveaux Rolland et Rossignol; mais çès grands maîtres sont réservés pour çeux qui veulent le dé-venir aussi, ou qui doivent fondér leur état sur l'éxerçiçe coutinuèl de la plume. Je parle içi de l'écriture plus commune, qui suffit pour le commer-çe simple et ordinaire, a dès jeunes gens pressés, ou sans goût.

96. Pourquoi sait-on si peu ortho-graphiér, quand il èst tems d'aban-donnér l'école, pour prendre un état, quoiqu'on l'ait fréquentée çinq ou six ans, quèlquefois plus, et qu'on ait appris a écrire trois on quatre ans?

Ç'èst qu'on n'a point appris à lire par lès vrais prinçipes de la lecture, qui sont aussi en partie lès prinçipes de l'orthographe, plus développés et dé-montrés pour lès mettre en pratique;

97. Quèls sont çès vrais prinçipes?

Lès vrais prinçipes consistent a avoir une connaissançe raisonnée dès lettres, dès accens, de la différençe dès voyèlles simples et de la différençe dès voyèlles composées et dès diphthongues, pour pouvoir en rendre compte, et en faire l'application à l'ortogrophe par le secours du maître.

98. Èst-çe que lès prinçipes de la lecture suffisent pour apprendre l'orthographe?

Lès prinçipes de la lecture sont bien lès prinçipes généraux de l'orthographe; mais il y a de plus dès prinçipes particuliérs, qu'il faut apprendre pour la savoir mieux et plus vîte.

Prinçipes pour l'orthographe.

99. Dans toutes lès langues il n'y a que huit éspeces de mots. Il y en a qui s'écrivent toujours de même; ils sont par conséquent moins embarrassans.

100. Il y a trois èspeces de mots dont la dernière sillabe s'orthographie avec quèlques

quèlques différençes. Çès trois èspeçes sont le nom, le *rélatif*, et le vèrbe.

101. Quoique çès mots soient plus du ressort de la grammaire que de çelui de la prémière classe d'éducation ; çependant il èst indispensable d'en avoir quèlque connaissançe rélativement a l'orthographe, qui en déviént moins difficile.

102. Qu'èst-çe que le nom ?

Ç'èst un mot qui nomme simplement une chose, soit matérièlle comme la tèrre, une maison, un homme, un melon ; soit spirituèlle, comme Dieu, ange, l'ame ; soit idéale (car çe n'èst pas une de çès deux substançes), comme la vèrtu, le viçe, la sagesse, la sçiençe, la mémoire.

103. Le *rélatif* èst pris içi, en un sens nouveau. Sous çe titre il renfèrme lès mots, que lès grammairiens appèllent *article, adjectif, pronom, partiçipe*. Il tiént leur plaçe, en prenant le même genre et le même nombre qu'eux. On s'en sèrt içi, en fa-

(62)

veur de la 1.re classe d'éducation, parce qu'il èst très-facile a comprendre, et a mèttre en pratique par lès jeunes gens ; en un mot çe rélatif ne régarde en rien la grammaire française, qui a sès mots et définitions propres, que je réspecte.

104. Le *rélatif* pris en notre sens, en faveur de la prémière classe d'instruction, èst approuvé par lès grammairiens, comme moyén de façilité, et de clarté, pour se faire entendre sur lès genres, sur lès nombres dès noms, et sur leur orthographe.

105. Qu'èst-çe que le *rélatif*?

Le rélatif èst un mot qui a une rélation ou un rapport avec un nom, et qui doit être, à cause de çela, du même genre, et du même nombre que le nom auquèl il se rapporte. Nous ne çherçhons point, comme lès grammairiens, lès raisons de rapport.

106. Combien y a-t-il de genres pour lès noms ?

Il y a deux genres ; savoir : le genre

masculin, et le féminin. Le genre appartient naturellement aux animaux, qui sont mâles ou fémelles ; mais on attribûe ordinairement aussi un genre aux mots, qui nomment toutes autres choses.

107. Quand un mot èst du genre masculin, que met-on devant lui ?

On y met çès mots *le, un* ; éxemple : le chien, un chien ; le melon, un melon.

108. Quand un mot èst du féminin, que met-on devant lui ?

On met devant lui çès deux mots ; *la, une* ; éxemple : la brébis, une brébis ; la pomme, une pomme.

109. Combién y a-t-il de nombres ?

Il y a deux nombres, savoir le singuliér et le pluriel.

110. Qu'èst-çe que le singuliér ?

Ç'èst une seule chose ; éxemple, un homme, le cheval, moî, toi, lui ; je, tu, il, èlle.

111. Qu'èst-çe que le pluriel ?

Le pluriel èst plusieurs choses ; éxemple : deux, trois, quatre *hommes*;

lês femmes ; nous, vous, ils, èlles ; deux singuliérs font un pluriel ; éxemple : l'or et l'argent sont bien ré-cherçhés.

112. ~~La démonstration~~ et l'application du rélatif au nom, èst-èlle aussi façile qu'utile ? Oui.

114. Éxemple d'application de nom, de *rélatif*, de genre, et de nombre.

Le (*ou bien*) un   beau   jardin a été vendu.
rélatif.   rél.   rél.   nom.   rél.
masculin.   mas. mas.   mas.   masc.
singuliér.   sing.   sing. sing.   sing.

La————une   maison   neuve   a été açhétée.
rélatif. rél.   nom.   rélatif.   rélatif.
féminin. fém.   fém.   fém.   fém.
singuliér. sing.   sing.   sing.   sing.

Lès   beaux   melons sont rares, et çhers.
rélatif. rél.   nom.   rél.   rél.
(1)   *masc. : masc.   masc.   masc.*
pluriel. pl.   plur.   plur.   plur.

____

(1) Il èst a rémarquér qu'il y a dès *rélatifs* invariables, pour lès deux genres ; éxemple : un homme *utile*, une femme *utile* ; mès frères, mès sœurs ; *lès* melons, *lès* pommes ; *dès* abri-côts, *dès* pêches ; *plusieurs* hommes, *plusieurs* femmes ; *deux* çhevaux, *dèux* jumens.

Explication.

Un beau jardin. Démandéz quèlle èst la çhose ? Ç'èst *jardin.* A quoi se rapporte *un ?* Ç'èst à jardin ; *un jardin.* A quoi se rapporte beau ? Ç'èst à jardin ; *un jardin beau.* Or, *jardin* étant du masculin et du singuliér, *un, beau*, doivent conséquemment être aussi du masculin et du singuliér, parçe que le nom et le rélatif doivent être du même genre et du même nombre.

Les grammairiens qui doivent rendre compte de la définition, et de l'arrangement de tous lès mots, diraient avec raison, dans çètte phrase ; *le*, ou *un beau* jardin a été vendu, que *le, un* sónt dès articles ; que *beau* èst un adjectif de qualité ; que *jardin* èst un nom substantif ; que *vendu* èst un partiçipe.

Il suffit à la prémière classe d'instruction, de savoir qu'un mot èst *ré-latif* en çe sens, qu'il a un rapport

quèlconque avec un nom , et qu'il doit
être mis au même genre-et au même
nombre, que le nom de la chose auquèl il se rapporte. Çela èst bien plus
clair et bien plus façile pour orthographiér , rién n'èst plus çèrtain ; on
le sait par éxpériençe.

115. Qu'èst-çe que le vèrbe ?

Le vèrbe èst un mot qui annonçe
quèlque chose, et un çèrtain tems ;
éxemple : je dîne.

Le vèrbe èst le mot par éxçellençe ,
ç'èst-à-dire , le mot le plus essentièl
du langage en général , sans lequèl
on ne pourrait se faire entendre.

116. Il y a dans le vèrbe un mot
prinçipal qui èst considéré comme
sa raçine, d'ou proviénnent dès modes,
dès tems , et dès personnes : ainsi du
mot *parlér,* qui èst la raçine, viennent
ou se forment lès mots suivans : je
parle , nous parlons ; tu parlais , vous
parliéz ; il parla , ils parlèrent ; j'ai
parlé , je parlerai , je parlerais , je
parlasse , etc.

117. Le vèrbe se conjugue, ç'èst-à-dire, se considere sous le rapport dès tems, dès pèrsonnes, et dès nombres.

118. La conjugaison dès vèrbes a une marçhe généralement parlant, asséz uniforme.

119. Lès vèrbes défectueux et impersonnèls régardent les grammairiens. Nous ne nous occupons que de façilitér l'orthographe.

120. On peut dire qu'il y a deux vèrbes de secours; savoir le vèrbe *avoir*, et le vèrbe *étre*, parçe qu'ils se trouvent dans lès tems dès vèrbes qui n'ont point un tèrme propre, pour leur aidér à formér leurs tems. Dans lès tems, ou ils se trouvent, il y a trois mots, au lieu qu'il n'y en a que deux dans lès tems, ou ils ne se trouvent pas.

121. Il faut conjuguer un vèrbe qui commençe par une consonne; parçe que, quand on conjugue un vèrbe qui commençe par une voyèlle, lès enfans croient qu'il n'y a qu'un mot, ou il

y en a deux; et qu'il n'y a que deux mots, ou il y en a trois; ç'èst-à-dire qu'ils croient d'abord que *j'aime* èst un mot, et que *j'ai aimé* èst deux mots.

On conjugue a part lès trois vèrbes suivans :

CONJUGAISON.

Parlér, avoir, être.

Indicatif.

PRÉSENT.		faim,	sage.
je	parle,	ai,	suis,
tu	parles,	as,	ès,
il	parle,	a	èst,
nous	parlons,	avons,	sommes,
vous	parlez,	avez,	êtes,
ils	parlent,	ont,	sont.

Imparfait.

je	parlais (è),	avais (è),	étais (è),
tu	parlais,	avais,	étais,
il	parlait,	avait,	était,
nous	parlions,	avions,	étions,
vous	parliez,	aviez,	étiez,
ils	parlaient,	avaient,	étaient.

Prétérit (hièr).

je	parlai,	us,	fus,
tu	parlas,	us,	fus,
il	parla,	ut,	fut,
nous	parlâmes,	ûmes,	fûmes,
vous	parlâtes,	ûtes,	fûtes,
ils	parlèrent,	ûrent,	fûrent.

Prétérit indéfini.

j'ai	parlé,	u,	été,
tu as	parlé,	u,	été,
il a	parlé,	u,	été,
nous avons	parlé,	u,	été,
vous avéz	parlé,	u,	été,
ils ont	parlé,	u,	été.

Prétérit antérieur.

Quand

j'us	parlé,	u,	été,
tu us	parlé,	u,	été,
il ut	parlé,	u,	été,
nous ûmes	parlé,	u,	été,
vous ûtes	parlé,	u,	été,
ils ûrent	parlé,	u,	été,

Plusque parfait.

j'avais	parlé,	u,	été,
tu avais	parlé,	u,	été,
il avait	parlé,	u,	été,

nous avions parlé,   u,   été,
vous aviez parlé,   u,   été,
ils avaient parlé,   u,   été.

Futur.

je   parlerai,   aurai,   serai,
tu   parleras,   auras,   seras,
il   parlera,   aura,   sera,
nous   parlerons, aurons,   serons,
vous   parlerez,   aurez,   serez,
ils   parleront, auront,   seront.

Futur passé.

Quand
j'aurai   parlé,   u,   été,
tu auras   parlé,   u,   été,
il aura   parlé,   u,   été,
nous aurons parlé,   u,   été,
vous aurez parlé,   u,   été,
ils auront parlé,   u,   été,

Conditionnel.

je   parlerais,   aurais,   serais,
tu   parlerais,   aurais,   serais,
il   parlerait,   aurait,   serait,
nous   parlerions, aurions,   serions,
vous   parleriez,   auriez,   seriez,
ils   parleraient, auraient,   seraient.

Conditionnel passé.

j'aurais	parlé,	u,	été,
tu aurais	parlé,	u,	été,
il aurait	parlé,	u,	été,
nous aurions	parlé,	u,	été,
vous auriez	parlé,	u,	été,
ils auraient	parlé,	u,	été.

Impératif.

	parle,	aie,	sois,
qu'il	parle,	ait,	soit,
	parlons,	ayons,	soyons,
	parlez,	ayez,	soyez,
qu'ils	parlent,	aient,	soient.

Subjonctif.

Présent.

Il faut

que je	parle,	aie,	sois,
que tu	parles,	aies,	sois,
qu'il	parle,	ait,	soit,
que nous	parlions,	ayons,	soyons,
que vous	parliez,	ayez,	soyez,
qu'ils	parlent,	aient,	soient.

Imparfait.

Il fallait

que je	parlasse,	usse,	fusse,
que tu	parlasses,	usses,	fusses,
qu'il	parlât,	ût,	fût,

que nous	parlassions,	ussions,	fussions,
que vous	parlassiez,	ussiez,	fussiez,
qu'ils	parlassent,	ussent,	fussent.

Prétérit.

Il a fallu

que j'aie	parlé,	u,	été,
que tu aies	parlé,	u,	été,
qu'il ait	parlé,	u,	été,
que nous ayons	parlé,	u,	été,
que vous ayez	parlé,	u,	été,
qu'ils aient	parlé,	u,	été.

Plusque parfait.

Il aurait fallu

que j'usse	parlé,	u,	été,
que tu usses	parlé,	u,	été,
qu'il ût	parlé,	u,	été,
que nous ussions	parlé,	u,	été,
que vous ussiez	parlé,	u,	été,
qu'ils ussent	parlé,	u,	été.

Infinitif.

Présent	parlér,	avoir,	être,
Participe	parlé,	u,	été,
Passé	avoir parlé,	avoir u,	été,

Gérondif présent, parlant, ayant, étant,

Gérondif passé, ayant parlé, ayant u, ayant été.

En

En apprenant à conjuguer un vèrbe par mémoire, on commençe a comprendre que lès modes d'un vèrbe, ç'èst-à-dire, lès principales manières de le considérér, sont l'*indicatif*, l'*impératif*, le *subjonctif*, et l'*infinitif*.

123. L'*indicatif* montre particulièrement un certain tems avec une autre chose ; éxemple : jé dors, je suis malade, je lis, je parlai, j'écrirai.

124. L'*impératif* commande, ou avertit, ou même prie ; éxemple : porte çela, étudie ta leçon, prête moi six francs ; ç'èst-à-dire, je te prie de me prêtér six francs.

125. Le *subjonctif* èst une pensée qui èst comme la suite ou dépendance d'une autre ; éxemple : il faut que je lise (*je lise* seul ne signifie rien).

126. L'*infinitif* èst la raçine du vèrbe ; ç'èst une idée générale qui n'indique ni personne, ni nombre.

127. Combien distingue-t-on dans lès vèrbes de tems prinçipaux ?

Il y a trois tems prinçipaux, le

présent, le prétérit ou passé, et le futur ou avenir.

128. Combien y a-t-il de personnes ?

Il y en a trois au singuliér *je*, *tu*, *il* (*elle*), et trois au pluriel, savoir : *nous*, *vous*, *ils* (*elles*).

129. Par ou connaît-on de qu'élle conjugaison èst un vèrbe ?

Ç'èst par la raçine.

130. Comment la raçine dès vèrbes se termine-t-èlle ?

La raçine dès vèrbes se termine en quatre manières ; savoir, par *ir*, *oir*, *re*, *ér* ; mais lès trois quarts dès vèrbes au moins, se terminent en ér ; éxemple : finir, voir, lire, parlér, qui produisent je finis, je vois, je lis, je parle, etc., etc.

ALPHABET SIMPLE,
et raisonné ensuite.

Alphabet simple distingué en voyelles et en consonnes.

Voyèlles ou sons sans mélange d'un autre son : a , i , y , o , u , ê , è , é , e.

Consonnes ou sons mélangés qui se prononçent néçessairement l'un avec l'autre : b, c, d, f, g, h, j, k, l, m, n, p, q, r, s, t, v, x, z.

A, B, C, D, E, F, G, H, I, K, L, M, N, O, P, Q, R, S, T, U, V, X, Y, Z.

Suivant lès meilleurs grammairiens, ét lès meilleures méthodes de lecture, prouonçéz lès consonnes avec la même voyèlle ainsi : be , ce , de , fe , ge , he , je , ke , le , me , ne , pe , qe , re , se , te , ve , xe , ze. Çès consonnes ainsi prononcés sont toutes du genre masculin,

Ne prononçéz pas lès consonnes ainsi : be , ce , de , èffe , ge ; ache , b c d f g h

ka, je, èlle ; èmme, ènne , pe , qu ;
k   j   l   m   n   p   q
èrre , èsse , te , ve , ixse , zèd ; car
r   s   t   v   x   z
çette prononçiation n'èst pas uniforme , donne deux genres , et une
terminaison qui s'unit moins bien avec
lès voyèlles.

Autres consonnes écrites par deux
lettres, et prononcées comme une seule:
ph - *f*, rh - *r*, th - *t*, çh , gn , qu
grec.   *grec,*   *grec.*
comme *q* , ou *k.*

Acçens : ^ , ` , ´. Acçent *circon-
flexe* (^); acçent *grave* (`) ; acçent
aigu (´). Voyéz le n.º 26.

Quatre ê , è , é, e. Voyéz le n.º 27.

---

(1) Le maître prononçera souvent dès voyèlles
et dès consonnes , de manière a faire connaître
promptement leur différençe. De plus il dé-
montrera sur le tableau çette différençe. Lès
enfans ayant l'oreille fine , y sont insensiblement accoutumés. Alors ils comprendront çe
qu'on leur dira d'un *s* qui se prononçe comme
z, étant plaçé entre deux voyèlles ; et en général d'une consonne , qui étant entre deux
voyèlles , doit se joindre a la seconde , et non
a la prémière.

Liaison facile dès voyèlles aux consonnes, et dès consonnes aux voyèlles:

ab   ib   ob   ub

ba   bi   bo   bu   bê   bè   bé   be.

ad   id   od   ud.

da   di   do   du   dê   dé   dé   de.

fa   fi   fo   fu   fê   fè   fé   fe.

ka   ki   ko   ku   kê   kè   ké   ke.

ma   mi   mo   mu   mê   mè   mé   me.

na   ni   no   nu   nê   nè   né   ne.

pa   pi   po   pu   pê   pè   pé   pe.

ra   ri   ro   ru   rê   rè   ré   re.

ta   ti   to   tu   tê   tè   té   te.

va   vi   vo   vu   vê   vè   vé   ve.

xa   xi   xo   xu   xê   xè   xé   xe.

za   zi   zo   zu   zê   zè   zé   ze.

Autres liaisons qui ne rendent pas toujours le même son. h avec une forte aspiration :

ha hi ho hu hê hè hé he.

h muet ou sans aspiration ne doit point s'épeler ; on le montre et on nomme simplement la voyèlle. Il èst en italique exprès.

ha hi ho hu hê hè hé he, prononcéz

    a   i   o   u   ê   è   é   e

— *s* avec le son sifflé qui lui est propre :

sa si so su sê sè sé se;

Mais *s* placé entre deux voyelles n'a pas ordinairement le son sifflé; il a un son brisé. Il se prononce comme *z*; ainsi faites-le nommér *z*, et épeléz de même le *s* brisé et le *z*:

Sa si so su sê sè sé se, (*sons brisés*).
Za zi zo zu zê zè zé ze.

f et *ph* s'épelent par la même pro-nonçiation.

fa fi fo fu fê fè fé fé.
pha phi pho phu phê phè phé phe.

r et *rh* s'épelent par la même pro-nonçiation.

ra ri ro ru rê rè ré re.
rha rhi rho rhu rhê rhè rhé rhe.

t et *th* s'épèlent de même.
ta ti to tu tê tè té te.
tha thi tho thu thé thè thé the.

çh s'épele par le son sifflé qu'on

entend dans lès mots chat, chien. La cédille marque le son sifflé.

çha çhi çho çhu çhê çhè çhé çhe,

Mais quand il n'est pas sifflé dans lès mots dès langues ançiennes, il a le son de *k*, ainsi épeléz de même.

ka ki ko ku kê kè ké ke.

cha chi cho chu chê chè ché che;

gn se prononçe avec un son mouillé.

gne gni gno gnu gnê gnè gné gne,

Mais dans cèrtains mots, en se prononçant inséparablement, le *g* èst dur devant la consonne *n*, comme dans gnomon, inexpugnable.

Liaisons plus difficiles à cause dès différentes prononçiations dès consonnes *c*, *g*. Voyéz les n.ᵒˢ 31, 32, 33, 34, 35, 36, 37, 38, 39, 40.

Observòns que c çédille ainsi (ç) se prononçe sifflé comme *s* ; et que g pointé ainsi (ġ) se prononçe comme j. On a çédillé et pointé pour plus grande façilité dans lès commençe-mens.

son *dur* ca co cu cr *c final* roc.
comme ka ko ku kr k.

Son sifflé , ou de *s.*

Ça çi çê çè çé çon.
Comme sa si sê sè sé son.

Son *dur* ga go gu gr g *final.*
Son *doux* gi gê gè gé ge geon.
comme ji jê jè jé je jon.

Consonnes *inséparables*, c'est - à - dire prononçées inséparablement par une seule émission de voix :
bl, cr, dr, fl, gr, mn, pl, pr, sf, vr, spl, phth (*ft*).

Alphabet plus raisonné par le rapprochement dès consonnes différentes dont il résulte le même son a l'oreille.

Même prononçiation
sa si so su sê sè sé se son.
ça çi ço çu çê çè çé çe çon.

Même prononçiation.
ka ko ku ki k *final.*
kanon koton kuir klef Kaminîek

ea   co   eu   cl   c *final.*
canon coton   cuir   clef   roc.

qa   qo   qu   ql   q *final.*
qanon qoton   quir   qlef   coq.
qua   quo.
quatre quolibet.

Même prononçiation:
jî   jê   jè   jé   je.
gî   gê   gè   gé   ge.

ja   jo   ju   jon.
gea   geo   geu   geon.
il mangea   geolier   gageure pigeon.
il manja   jolier   gajûre   pijon.

Ci nous pla*cions* { Souvent même prononçiation
Ti les na*tions*. { à la fin des mots sur-tout.

Même prononçiation.
fa fi fo fu fê fè fé fe.
pha phi pho phu phê phè phé phe.

Même prononçiation.
ra ri ro ru rê rè ré re.
rha rhi rho rhu rhê rhè rhé rhe

Même prononçiation.

ta   ti   to   tu   tê   tè   té   te.
tha thi tho thu thê thè thé the.

Même prononçiation.

cra   cri   cro   cru   crê   crè   cré   cre.
chra chri chro chru chrê chrè chré chre

s entre deux voyèlles se prononçe comme z.

Même prononçiation.

sa   si   so   su   sê   sè   sé   se.
za   ze   zo   zu   zê   zè   zé   ze.

Même prononçiation.

phth   phthisie   diphthongue.
ft   ftisie   diftongue.

Voyèlles composées.

Il faut avertir lès enfans que lès voyèlles simples sont *seules* a notre vûe , comme lès sons simples sont *seuls* a l'oreille ; mais que lès voyèlles composées sont écrites par plusieurs lettres dont il ne résulte qn'un son simple.

Voyèlles doubles.

ai *final* (é)	ai (è)	ei (è)	au (o)
j'ai	faire	peine	autre.

ou	eu	œu	îe	ûe (1).
fou	feu	vœu	la vîe	la vûe.

ea (a)	ès (è) (2).
il mangea	tu ès.

Voyèlles triples, c.-a-d. de trois lettres.

aie (è)	aye (è)	ais (è)	ois (è)
une *haie*	que j'*aye*	*mais*	je lis*ois.*

èst (è)	eai final (é)	ent (e)
il *èst*	je mang*eai*	ils dis*ent.*

ént (én)	ent (an)	oûe	aux.
il v*ient*	le v*ent*	la j*oue*	trav*aux.*

---

(1) *îe* et *ûe* se prononçent longs parç : que *e* èst absolument muet; éxemple cig*ûe.*

(2) Dans lès premiéres leçons de çés voyèlles, le maître prononçe lès mots qui sont sous lès voyèlles, pour leur faire entrevoir çe à quoi elles peuvent servir.

Voyelles quadruples.

eais (è)   eois (è)   ient (î)
je song*eais*   je log*eois*   ils pri*ent*.

uent (û)   eaux (ô).
ils sal*uent*   les v*éaux*.

Voyelles quintuples.

aient (è)   oient (è)
ils parl*aient*   ils parl*oient*.

ayent (è)   ouent (oû).
qu'ils *ayent*   ils jo*uent*.

Voyelles sextuples.

eaient (è)   eoient (è)
ils mang*eaient*   ils mang*eoient*.

uaient (è)   uoient (è).
ils conjug*uaient*   ils expliqu*oient*.

Voyelles nazales doubles.

am   an   im   in   om
ample   ange   impie   vin   ombre

um

um   un   em (*am*) en (*an*) (1).
parfum chacun emploi   entrer.

Voyèlles nazales triples.

Aim   ain   ein (2)   ean
La faim pain   le sein   Jean songeant
      eon

pigeon , mangeons.

---

(1) Il èst essentiel d'observer que les voyèlles nazales *em*, *en* se prononçent peut-être
toujours par *am*, *an*, quand'èlles ne se trouvent pas dans la dernière sillabe des mots ;
éxemple : entendement (*an tan demant*); et
même qu'èlles se prononçent le plus souvent
aussi par *an* a la dernière sillabe dès mots.

. (2) On a imprimé depuis peu, dans quelques
livres élémentaires, *aien*, *oien*, pour réprésentér la voyèlle simple *è*. C'èst une faute
d'impression. Çe n'èst que par l'usage, que
aient, *oient* font *è*; mais toute autre répré-
sentation, qui finit par une des deux consonnes
m n, ne peut donnér le son *è* : car toute sillabe qui finit par une dès deux consonnes *m n*,
donne nécessairement une voyèlle nazale ou
une diphthongue nazale; éxemple faim, pain,
sein, rien, payen, moyen. Il n'y a point de
mots même, qui se terminent par çès réunions
aien, *oien*, qui sont différentes de celles-çi
ayen, *oyen*, payen, moyen, a cause d'*y* grec.

*Diphthongues , ç'èst-à-dire, deux sons
de voyèlles entendus dans la méme
sillabe; au lieu qu'une voyèlle composée ne fait entendre qu'une seule
voyèlle dans nne sillabe.*

(Diphthongue, je *vois*). (Voyèlle composée,
je bu*vois*).

Ia	ié	oi	ois
Liard	hiér	moi	mois , bois.
oient		yaient.	
ils voient	ils payaient (ils pai iaient).		

ien	iént	oin
bien	il viént	foin.
ouin	ouén	
marsouin	St.-Ouén , proche Paris,	

*Liaison dès. consonnes aux voyèlles
composées.*

Il èst essentièl d'avèrtir lès enfans
que *ai*, *eai* , donnent le son d'un é
fermé, quand ils terminent un mot.
Il n'y a peut-être pas d'exception ; au
reste , nous parlons de çe qui èst ordinaire , et non pas de çe qui èst très-

rare ; mais , quand ces voyèlles ne finissent point la dernière sillabe d'un mot , èlles ont alors un son qui n'èst pas fermé ordinairement ; ainsi je par*lai* se prononce comme je par*lé* ; je par*lais* , comme je par*lès* ; maison comme mèson.

Ai, eai finissant un mot (é).

bai (bé)   dai (dé)   fai (fé)
je tombai   je tardai   je chauffai

mai (mé)   pai (pé)   sai (sé).
je fumai   je trompai   je versai.

vai (vé)   geai (gé)   guai (gai)
je trouvai   je songeai   je conjuguai

quai (ké)   je marquai.

Ai, eai dans le mot fait ordinairement è plus ou moins ouvèrt.

bai (bè)   dai (dè)   fai (fè)   mai (mè)
baisser   daignér   faire   maison

pai (pè)   sai (sè)   vai (vè)   geai (gè)
paisible   saison   vaine   démangeaison.

ei donne le son d'*è* un peu ouvèrt.

pei   sei   vei.
peine   seigneur   veine.

Au (o).

bau (bo) fau (fo) mau (mo) nau (no)
baume   faute   mauvais   naufrage

pau (po) sau (so) vau (vo)   ea (a).
pauvre   sauter   vautour il mangea.

ie long.

die   fie   gie   lie   mie
perfidie je défie magie folie momie

nie   pie   tie   tie.
manie   impie partie prophetie.

Ou.

bou   fou   mou   pou   rou
boule fourage mourir pouvoir rouge

sou   tou   vou   vou.
souvenir toujours vous   vouléz.

Eu.

beu   deu   geu   jeu   leu
beurre ardeur mangeur jeuner couleur

meu peu teu veu.
meuble peur tuteur sauveur.

ûe double *long*.

bûe gûe rûe vûe.
barbûe cigûe morûe la vûe.

ue double *bref*, ou plutôt muet.

gue.
figue langue longue orgue

Aie (è).

une haie (hè), il faut que j'aie (jè),
futaie (té).

Ais (è).

bais (bè) dais (dè) lais (lè)
je tombais je rendais je voulais

pais (pè) sais (sè) tais (té)
je rompais je pensais je sautais

vais (vè).
je buvais.

Ois (è).

bois (bè) dois (dè) mois (mè)
je tombois je vendois j'aimois

(96)

nois (nè)   pois (pé)   rois (rè)
je menois   je coupois   je dirois

vois (vè).
je trouvois.

Eau (o).

beau (bo) deau (do) teau (to) veau (vó)
tombeau   rideau   château   nouveau

oûe   aux (ô)   oûx.
la boûe, la joue   travaux   époux.

Eaux (ô).

beaux (bô)   deaux (dô)   peaux (pô)
tombeaux   rideaux   troupeaux.

teaux (tô).
châteaux.

eais (è)   eois (è)
je songeais (gè)   je mangeois (gè)

uais (è)   uois (è).
je conjuguais   je trafiquois.

îent (i)   ûent (û)
ils prîent (pri) ils lîent (li) ils saluent (lû)

ils continuent (nû).

Aient (è).

baient   daient
ils tombaient (bè)   ils rendaient (dè)

paient   vaient.
ils soupaient (pè)   ils trouvaient (vè).

Oient (è).

boient   doient
ils tomboient (bè)   ils rendoient (dè)

poient   voient
ils trompoient (pè)   ils prouvoient (vè)

ouent   (oû).
ils jouent (joû).

Voyèlles sextuples.

eaient (è)   eoient (è)
ils songeaient (gè) ils mangeoient (gè)

uaient (è)   uoient (è).
ils conjuguaient   ils expliquoient,

Liaison dès consonnes avec lès voyèlles nazales.

ban   bom   bon   bun   fan
ruban   bombe   bonté   tribun   fange,

man	ran	san	van	
manger	ranger	santé	vanter.	

bin	din	fin	lin	pin
lambin	jardin	enfin	linge	pincer

sin	tim	tin	vin.
singe	timbre	satin	Calvin.

fem	tem	çen	den
femme	tempête	çendre	dentelle

fen	ren	ven.
fendre	rendre, prendre	vent, vendre.

faim	pain	sain	sein
la faim	du pain	sainte	dessein

geant	geon	Jean.
mangeant (jant)	pigeon (jon)	jan.

Liaison dès lettres dures c, g, qu, ch, gu.

can	cam	cou	con
canton	camper	couper	contenir

cra	cri	cran	crain.
cracher	crime	écran	crainte.

cro	chro	chre.
crotte	chronologie (cro)	chrétien (cré)

On voit que la consonne *h* placée entre *c* et *r*, ne donne point de son.

gau (go)   gou   gan   gon
gauche   goulu   gance   gondole

gran   gron   grain.
grandeur   gronder.

Prononçéz *qua* comme avec k.
qua   quo   que
qualité (ka) quotité (ko) plaque (ke)

quan   quon.
quantité (kan)   remarquons (kons).

On doit faire remarquér beaucoup lès sillabes suivantes, en lès faisant répèter chacune çinq ou six fois ; parçe que le son résultant de l'ensemble ne répond point au son particuliér dès lettres.

ail   eil   œil   euil
bail   soleil   œillet   fauteuil

ouil   aille   eille.
fenouil   paille   bouteille.

euille   ueille   ouille.
feuille   il cueille, cueillir   la rouille

cœur   chœur   orgueil.

caillou   caisse   sphynx.

quai   queue.

Remarques particulières.

Il y a beaucoup de mots, ou la consonne finale ne donne point de son ; éxemple : estomac, tabac, accord, tort, lors, il lit, il répond, prudent, fauxbourg, fusil, dangér, l'univèrs, charmant, chaud, agneaux, cheveux, époux, le néz, le corps, le cours.

Qua se prononce comme koua dans les mots suivans : quadragésime, quadragénaire, quadrupede, équateur ; comme kouadragésime, kouadragénaire, kouadrupede, ékouateur.

On prononce sensiblement u après g dans cès mots : figure, ambiguité, aiguille, aiguisér, aiguillonnér, Guise, arguér, argument, argumentér.

ch se prononce comme c dur ou k dans plusieurs mots ; éxemple : archange, eucharistie, écho, chaos, chorus, archiépiscopal ; liséz arcange, eucaristie, éco, caos, corus, arkiépiscopal. Çe sont dès mots de langues ançiennes.

Août, se prononçe oût, aoriste, comme ôriste.

s a le son sifflé a la fin de çès mots de langues ançiennes ou étrangères : aloès, aspergès, kermès, Cérès, Florès, Gigès, Périclès, Thalès, prononçéz aloèsse, aspergèsse, kermèsse, Cérèsse, Florèsse, Gigèsse, Périclèsse, Thalèsse.

On trouvera à la fin de l'utilité de cette méthope, un tableau de cet alphabet, devant servir de modèle pour en écrire un semblable en lettres bien grosses et pour servir d'exemple dans la démonstration.

ABREGÉ

POUR SERVIR

D'EXERCICE A LA FIN DU COURS.

On n'a point mis, dans cet abregé, de cédille sous c, excepté où elle est nécessaire devant a, o, u; et on n'a point mis un point sur g, afin d'apprendre à lire aux enfans, sans ces secours, dans tous les livres.

Comme on n'a point inséré dans la méthode les remarques particulières et très-utiles sur l'orthographe des noms, des *rélatifs*, et des verbes, on les trouvera dans *cet abregé*.

L'INSTRUCTION commune est-elle d'une grande importance? — Oui; c'est une vérité dont tout le monde est persuadé. — Chaque langue a un alphabet.

Combien l'alphabet français coutient-il de lettres? — Vingt-cinq.

A quoi servent les lettres? — A composer les mots.

A quoi servent les mots écrits? — A représenter des idées à notre esprit.

Comment faut-il apprendre à lire? — Par le moyen le plus juste et le plus court.

Faut-il

— Faut-il éviter les sons faux et superflus? — Oui, cela est essentiel en fait de principes.

Qu'entend-on par les sons faux? — Les sons faux sont les prononciations de lettres qui ne sont point d'accord avec l'oreille; ainsi dans *caçis*, il y a un son faux, parce que le premier *c* se prononce autrement que le second. Dans le mot *eau*, il y aurait trois sons faux; car les trois voyelles réunies représentent le le seul son *o*.

Qu'entend-on par les sons superflus? — Ce sont ceux qui sont formés en plus grande quantité qu'il n'en faut; ainsi dans *eau*, il y aurait deux sons superflus; car il y aurait trois sons pour un seul.

Y a-t-il de la différence entre les lettres? — Oui; car elles sont voyelles, ou consonnes.

Quelles sont les voyelles? — Les voyelles sont a, i, y, o, u, ê, è, é, e.

Quelles sont les consonnes? — Les consonnes sont les autres lettres; savoir : b, c, etc.

Quelle est la différence des voyelles et des consonnes? — Cette différence consiste en ce qu'une voyelle est un son simple, c'est-à-dire, sans mélange d'aucun autre son; et elle peut être prolongée. — La consonne au contraire ne peut se faire entendre qu'avec le son d'une voyelle. Le son de la consonne ne peut être prolongé, tant il se colle rapidement à la voyelle, pour disparaître aussitôt.

9

Une voyelle seule peut-elle être un mot ? — Oui ; exemple ; à Paris.

Une consonne seule peut-elle faire un mot ? — Non.

De quelle voyelle doit-on se servir pour prononcer les consonnes ? — De la voyelle e.

Le son de la consonne doit-il précéder celui de la voyelle ? — Oui.

Pourquoi cela ? — C'est, 1.º pour que le son propre de la consonne soit entendu le premier ; 2.º pour que les consonnes soient du même genre masculin ; 3.º pour l'uniformité ; 4.º pour plus grande facilité à joindre les consonnes aux voyelles, et les voyelles aux consonnes.

L'essence de la voyelle consiste-t-elle plutôt dans le son que dans l'écriture ? — Oui ; car tout son simple à nos oreilles, est essentiellement une voyelle ; au lieu que ce son simple est quelquefois représenté à nos yeux par plusieurs lettres, même mal combinées.

Quand les voyelles sont seules, comment se nomment-elles ? — Elles se nomment voyelles simples.

Quand les voyelles ne sont pas représentées par une seule lettre, comment s'appellent-elles ? — Elles s'appellent voyelles composées.

Les voyelles composées sont-elles plus ou moins composées ? — Oui ; car elles sont doubles, triples, quadruples, quintuples, sex-, tuples. (*On les montre sur le tableau.*)

A quoi servent les signes appelés accens, que l'on voit sur la voyelle *e* ? A montrer les dif-férens sons de *e*. Le premier (^), se nomme accent circonflexe ; le second (`), se nomme accent grave. Ces deux accens posés sur *é è*, font prononcer ces *é è* la bouche plus ouverte ; exemple , tête , procès. Le troisième (´), se nomme accent aigu, et fait prononcer *é* les lèvres et les dents plus rapprochées ; exemple, régénéré. La voyelle *e* sans accent s'appelle *e* muet.

E marqué muet faute d'accent est-il toujours muet ? — Non ; il est très-souvent trompeur ; exemple, le fer (fèr) , le dîner (dînér) ; souvent il est pour un *a*, exemple, enten-dement.

Quand on apprend à connaître les lettres faut-il lire tout l'alphabet depuis la première lettre , jusqu'à la dernière, ainsi qu'il se pra-tique assez ordinairement ? — Non ; il faut en apprendre simplement cinq ou six, qu'on ré-pète chacune six ou sept fois, pour les impri-mer mieux dans l'imagination et la mémoire.

Y a-t-il des lettres qui aient deux sons ? — Oui.

Quelles sont ces lettres ? — Ce sont parti-culièrement les lettres *c*, *g*, *s*, *t* ; car *c* se prononce comme *k* dans canon , et comme *s* dans ceci, cêne ; *g* se prononce comme *j* dans général, et il se prononce dur dans gobelet ; *s* est prononcé comme *z*, quand il est placé entre deux voyelles, exemple, maison (maizon) ; *t* a souvent le son de *c*, exemple, portion ; le mot restitution donne les deux sons de *t* et de *c* (restitucion).

Quand le *c* a-t-il un son plutôt que l'autre ? — *c* a un son doux ou plutôt sifflé, pour se faire mieux entendre, quand il est placé devant les voyelles i ê è é e, et quand il est cédillé devant les voyelles a, o, u ; exemple : cidre, cêne, procès, forcé, force, façade, maçon, reçu ; mais il a le son dur, ou le son de *k*, *q*, quand il est placé devant a, o, u, devant les consonnes et à la fin des mots ; exemple : canon, colle, cuir, cri, roc. Il me semble que cela est clair et juste.

Quels sont les deux sons de *g* ? — C'est la même explication pour *g* que pour *c* : car *g* est dur devant a, o, u, devant les consonnes et à la fin des mots ; exemple : galon, gobelet, figure, ciguë, glace, joug, Astorg (rue) ; mais *g* a le son doux, ou de j, devant i, ê, è, é, e, exemple : gilet, Gênes, Gigès, forgé, forge. Ainsi *g* doux et *j* sont la même chose à l'oreille, et deux choses différentes aux yeux ; cela me paraît aussi clair que juste.

Mais comment donc les enfans peuvent-ils apprendre à lire en donnant toujours le même nom et le même son a des lettres, qui en ont deux si différens, dans le même mot quelquefois ? — On voit par-là que généralement parlant, les enfans ont une grande facilité, pour apprendre à lire, même par une méthode opposée à la justesse et à la raison. Il est certain que ce n'est pas parce qui est vicieux et faux qu'ils apprennent; mais qu'ils n'apprennent que par la répétition des mots et par la mémoire. Ils apprendraient donc mieux, s'ils étaient dirigés par la raison et la justesse.

Faut-il donner le son juste aux consonnes *c* et *g* en épelant ? — Oui, sans doute ; la raison, les grammairiens, et les auteurs célèbres de méthodes le demandent absolument, surtout pour éviter aux enfans, aux jeunes gens plus âgés, et sur-tout aux étrangers, les pleurs ou le dégoût.

Les maîtres et les maîtresses sur-tout disent, comment donner deux sons différens à la lettre *c* dans le mot *cacis*, etc., on n'y est point accoutumé, cela paraît étrange ? — Mais ne paraît-il pas encore plus étrange, à ceux qui réfléchissent, que l'on ne veuille donner qu'un son à ce qui en a réellement deux très-différens, et d'entendre nommer *c* comme *s*, quand il est véritablement un *k* ou *q* à l'oreille dans canon, coton, kanon, koton.

Les enfans sont-ils bien vite habitués à dire les vrais sons ? — Oui ; parce qu'ils voient tout d'un coup la voyelle qui suit *c* ou *g* , et qu'ils ont l'oreille juste naturellement. Ce qui les trompe , c'est qu'on leur fait appliquer tantôt d'une façon , tantôt d'une autre , le même son.

Quand faut - il épeler *s* par le son de la lettre *z* ? — Le *s* placé entre deux voyelles, se prononce comme *z* ordinairement ; il y a des exceptions , savoir : parasol , vraisemblable , monosillabe , etc.

Quand faut-il donner au *t* devant *i* le son de *c* sifflé ? — Il n'y a point de règles pour cela ; ainsi on prononce différemment le même mot, nous *portions* nos *portions*.

Un enfant qui est instruit par les vrais principes , est-il plus en état de raisonner sur la lecture, qui est son premier métier , que celui qui n'a que de la routine ? — Oui , sans doute ; parce qu'outre qu'il connaît les différentes prononciation des lettres , il a aussi la connaissance des voyelles composées , qui sont plus embarrassantes.

Difficulté des voyelles composées.

D'où viennent les plus fréquentes difficultés de la lecture et de l'orthographe ? — C'est des voyelles composées.

Pourquoi cela ? — C'est qu'il ne résulte qu'un son de la réunion des lettres d'une voyelle composée ; *eau* par exemple n'est plus à l'oreille ni un *e*, ni un *a*, ni un *u* ; c'est un *o*, c'est-à-dire, un son unique.

- Comment faut-il apprendre les voyelles composées ? — Par les moins composées, c'est-à-dire, par les *doubles*, et ainsi de suite.

Comment appelez-vous les différentes classes des voyelles composées ? — Les voyelles composées de deux lettres se nomment voyelles doubles. — Les voyelles composées de trois lettres se nomment voyelles triples. — Les voyelles composées de quatre lettres se nomment voyelles quadruples. — Les voyelles composées de cinq lettres se nomment voyelles quintuples. — Les voyelles composées de six lettres se nomment voyelles sextuples.

A quoi sert cette distinction de voyelles composées ? — Elle sert à spécifier la classe dont on veut parler, et à ne pas la confondre avec le mot commun, de voyelles composées ; mais elle sert sur-tout à apprendre l'orthographe de la terminaison des personnes des verbes.

Si les voyelles composées ne rendent qu'un son, qui n'est pas conforme aux lettres, il ne faut donc pas les épeler par les noms de ces lettres ? — Non, sans doute ; si on épele, il faut épeler par le son unique qui en résulte. Pourquoi mettre cinq ou six sons faux et superflus au lieu d'un ? — N'est-il pas plus court d'en dire un, que six ? n'est-il pas plus juste

d'en dire un vrai, qui plaît à l'oreille, que
d'en dire six qui n'ont aucune liaison ensemble,
qui sont une réunion de voyelles et de consonnes mal combinées, et qui étonnent et en-
nuient l'oreille, quand ils sont prononcées gra-
vement l'une après l'autre ?

D'après ce principe, comment épeleriez-vous
ces mots : ils mangeaient du veau ? — Je l'épe-
lerais comme s'ils étaient orthographiés ainsi :
ils mangè du vo ; car *eaient*, *eau*, sont par
l'usage à nos oreilles un *è*, et un *o* : o et *eau*
étant la même chose à l'oreille, il faut donc
épeler l'un comme l'autre.

Ne pourrait-on point dire qu'il y a trois *o* et
six *è* ? — Oui ; car pour les distinguer il y a
o simple, au double, eau triple, comme il y a
é, è, èst, ais, ois ; eais, eois ; aient, oient ;
eaient, eoient ; uaient, uoient. Ces è se nomment suivant le nombre des lettres.

Peut-on représenter les voyelles composées
par des signes ? — Oui ; ces signes qui se font
par les doigts servent agréablement et clairement
à marquer les terminaisons des personnes des
tems, des verbes, etc. Ainsi on peut représenter
l'orthographe des voyelles composées, sans
papier, ni encre, sans table, ni craie de Cham-
pagne. On se sert de ces signes quand on conjugue un verbe, pour montrer au maître com-

(105)

ment est terminée la personne qu'on dit. Grande, utilité et grande facilité.

Il y a cent cinquante ans, nos pères avaient-ils moins de peine que nous à apprendre à lire et écrire ? — Oui ; parce que la prononciation du mot répondait assez aux lettres qui le composaient, et qu'ils n'écrivaient que les lettres qu'ils prononçaient.

Y a-t-il des voyelles qu'on appèle nazales ? — Oui ; exemple : an , im , on , um , aim , ain , ein ; elles s'appèlent nazales , parce que le nez semble contribuer à leur prononciation. Elles sont véritablement voyelles comme a , i , o , etc.

Comment voit-on que la réunion des lettres , qui forment ordinairement une voyelle composée , n'est point alors une voyelle composée ? — C'est par le tréma fait par deux points horisontalement posés (¨) ; ainsi dans haine il y a une voyelle composée par *ai* , et dans haïr elle ne subsiste plus , vu que *a, i* se prononcent séparément à cause du tréma , et font chacun une syllabe. Les accens font le même effet que le tréma ; exemple : réunir , obéir , poète (*dans les vers*).

Qu'est-ce qu'une syllabe ? — Une syllabe est un mot qui se prononce d'une seule articulation , comme *il* , *a* , *faim* ; ou bien c'est une partie d'un mot représentée par articulation ;

exemple , res pon sa bi li té. *Les mots d'une seule syllabe s'appèlent monosyllabes.*

Est-il utile de savoir distinguer les sillabes ? — Oui , pour la facilité de la lecture et de l'orthographe.

Qui est-ce qui peut contribuer à faire connaître le commencement d'une sillabe ? — Il est d'une grande utilité pour les enfans, de savoir que , quand une consonne est placée entre deux voyelles , elle se joint à la voyelle suivante ; exemple : gé né ra li té. Cette remarque dirige l'application des lettres dans la lecture , et dans l'orthographe.

Doit-on savoir quelle différence il y a entre une voyelle composée , et une diphthongue ? — Oui.

Quelle est cette différence ? — C'est que la voyelle composée ne rend qu'un son simple de voyelle dans une syllabe , au lieu qu'une diphthongue fait entendre deux voyelles dans une seule syllabe ; exemple de diphthongues : *je vois* , ils *voient* , ils envoyoient ; exemple de voyelles composées : je *buvois* , ils *buvoient.*

Y a-t-il aussi des consonnes inséparables ? — Oui ; c'est-à-dire , que pour le mieux , on les prononce ensemble , et non les unes après les autres. Ces consonnes inséparables sont bl , cr , fl , gr , pl , vr , spl , str , phth ; il y en a plusieurs autres. Prononcez d'un seul coup bl *etc.* comme dans blâme , cri , fleurs , grand.

Manière de faire lire.

Doit-on épeler, ou ne pas épeler ? — Des maîtres font épeler, d'autres ne le font pas. Je crois qu'il est bon d'épeler un peu de tems, parce qu'il semble que la vue, la prononciation, l'oreille contribuent à faire mieux voir et retenir les voyelles composées, pourvu qu'on épele par leur vrai résultat.

Quand on épele, faut-il nommer aussi avec les lettres, les accens qui sont sur les voyelles ? — Non, sans doute ; de peur d'embarrasser la marche par des mots superflus.

Que signifie le circonflexe posé sur les voyelles â, î, ô, û, oû ? — Il signifie que ces voyelles ont une prononciation longue ; exemple : gîte, le vôtre, flûte, goût.

Les accens ont-ils été inventés pour distinguer les idées ? — Non ; les idées se distinguent d'elles-mêmes, ainsi qu'il se fait dans la conversation.

Le *h* se prononce-t-il de même dans tous les mots ? — Non ; quand il a un son fort comme dans hache, harpie, héros, il s'appèle h aspiré ; mais il s'appèle *h* muet quand il ne se prononce pas. Ainsi dans ces mots : cet *h*onnête *h*omme a un bel *h*abit, *h* est muet.

La consonne *l* a-t-elle toujours le même son ? — Non ; car le *l* est *mouillé*, quand

il se prononce comme dans ces mots , péril ,
fille , bail , paille.

Le *x* a-t-il une prononciation fixe ? — Non ;
car il en a cinq ou six différentes.

Le *ch* a-t-il toujours la même prononciation ?
— Non ; le *ch* se prononce ordinairement par
le son que l'on entend dans ces mots : chat ,
chien , chêne ; mais dans les mots qni viennent
des langues étrangères, il a un son dur non sifflé , qui est celui de *c* , *k* , *q* ; exemple : chaos ,
choriste , écho.

Comment prononce-t-on les consonnes composées ph , rh , th ? — Ph se prononce fe ; rh
se prononce re ; th se prononce te ; chr se prononce cre.

Comment prononce-t-on æ , œ ? — Ils se
prononcent comme é.

La prononciation finale est-elle ordinairement
plus longue au pluriel , qu'au singulier dans
les noms et rélatifs ? — Oui ; exemple : le
plat , les plâts ; un cri , les cris ; un beau veau ,
deux beaux veaux ; mais le discours , les *discours* ; la voix , les *voix* ; le nez , les *nez* se prononcent de même , parce que le singulier et le
pluriel sont écris semblablement.

L'apostrophe doit-elle être nommée avec les
lettres dans l'épelation ? — Non ; ce n'est
qu'un signe.

L'apostrophe tient-elle la place d'une voyelle ?
— Oui ,

— Oui , elle représente un a , un e, ou un r ; exemple : l'ame, l'esprit, s'il.

Y a-t-il des mots où le r final ne se prononce pas ? — Oui ; il ne se prononce pas dans beaucoup de mots terminés en *er* ; mais il se prononce dans tous les mots terminés en ar, ir, oir, our, eur.

Les voyelles composées ai , eai , doubles et triples , ont-elles le son d'é fermé à la fin des mots ? — Oui ; exemple : j'ai, je parlai , je songeai.

Quand un enfant n'est pas avancé dans la lecture , faut-il lui faire faire déjà les liaisons qui la rendent plus agréable ? — Non ; parce que la lecture est d'elle-même assez difficile , pour l'occuper entièrement ; il ne peut encore point penser à deux choses embarrassantes en même-tems. Quand il sera plus avancé , il n'aura pas beaucoup de peine à s'y accoutumer.

Presque toutes les consonnes finales font-elles liaison avec la voyelle initiale du mot suivant ? — Oui.

Quelques consonnes prennent-elles le son d'une autre dans la liaison ? — Oui ; exemple : grand arbre, vous irez , peaux agréables ; prononcez gran tarbre, vou zirez, peau zagréables.

Les mots qu'on appèle *noms* , parce qu'ils nomment quelques choses , font-ils liaison , quand ils se terminent par la consonne *n* ? —

Non ; ce sont les *relatifs* (mot intéressant ici, parce qu'il comprend l'article, le pronom, l'adjectif et le participe des grammairiens), et quelqu'autres mots invariables, qui lient le *n* final à la voyelle suivante ; exemple de non liaison : du vin excellent, maison agréable ; exemple de liaison : un bon abricot, mon ami ; prononcez un bo nabricot, mo nami ; bien amer, bié namer ; o na dit (pour on a dit).

Que dites-vous de la voyelle y (grec) ? — 1.º Autrefois les monosyllabes loi, moi, soi, roi, et autres mots, se terminaient par y (grec) ; 2.º quand il fait tout seul un mot, il représente un i qui s'écrit par y (grec) ; exemple : il y alla, il y a trois jours ; 3.º il donne ordinairement, dans les mots, le son de deux i ; exemple, moyen ; alors le premier jambage appartient à la voyelle précédente, et le second à la voyelle qui suit ; exemple : moi-jen.

Y a-t-il des mots difficiles qu'on ne doit point épeler ? — Oui ; parce que la prononciation du mot ne répond point aux lettres ; exemple : sphynx, chœur, queue, etc. On les fait bien considérer et prononcer chacun six fois.

Orthographe.

Les principes de la lecture suffisent-ils absolument pour l'orthographe ? — Non, il faut encore quelques principes particuliers.

Quels sont les principes particuliers, pour l'orthographe ? — Les principes particuliers et propres pour la première classe d'instruction, sont la connaissance des mots sujets à la variation d'orthographe, jointe aux exercices sur le tableau.

Quels sont les mots sujets à la variation d'orthographe ? — Les mots sujets à la variation sont le *nom*, le *relatif*, pris en un sens nouveau pour les enfans, et le *verbe*.

Qu'est-ce que le nom ? — Le nom est un mot qui nomme quelque chose, soit *spirituelle*, comme Dieu, ange, l'ame ; soit *matérielle ou corporelle*, comme la terre, ou *idéale*, c'est-à-dire, qui n'est point une substance spirituelle, ni matérielle ; mais qui consiste dans la pensée, comme la bonté, la malice.

Qu'est-ce que le relatif ? — Le relatif n'est point ici les mots *qui, que, dont, lequel, laquelle*, des grammairiens. Il est pris ici en faveur des jeunes gens de la première classe d'iustruction, pour les mots que la grammaire appèle article, pronom, adjectif, participe, dont il évite la définition qui convient aux grammairiens. Il s'appèle relatif, parce qu'il a une relation visible avec un nom, pour en prendre le genre et le nombre. Nous le trouvons très-facile.

Combien y a-t-il de genres ? — Deux ; savoir, le masculin et le féminin.

Quels relatifs met-on devant le masculin ?
— Ce sont les relatifs *le*, *un* ; exemple : le cheval, un cheval ; le jardin, un jardin.

Quels relatifs met-on devant le féminin ?
— Ce sont les relatifs *la*, *une* ; exemple : la brebis, une brebis ; la maison, une maison.

Combien y a-t-il de nombres ? — Il y en a deux ; savoir le singulier et le pluriel.

Qu'est-ce que le singulier ? — C'est une chose unique ; exemple : un livre, le livre.

Qu'est-ce que le pluriel ? — C'est plusieurs choses. Le mot deux commence le pluriel ; exemple : deux, trois, quatre pains.

Pouvez-vous faire facilement l'application du nom, du relatif, du genre et du nombre ? — Oui ; (*elle se fait sur le tableau*) voy. n. 114.

Qu'est-ce que le verbe ? — C'est un mot qui annonce une chose ; exemple : Dieu est éternel, l'homme est mortel ; je lis, c'est-à-dire, je suis lisant.

Le verbe est-il le mot le plus essentiel du langage ? — Oui ; parce que sans verbe, on ne peut faire entendre sa pensée. Dans ces mots : Dieu est éternel ; si vous ôtez le mot est, il n'y a plus de sens. Quand il n'y a pas de verbe exprimé, il est sensé l'être ; exemple : l'enfant est - il venu ? Oui ; c'est-à-dire, il est venu.

Combien y a-t-il de sortes de verbes, par rapport à leur terminaison ? — Il y en a quatre

sortes ; savoir : des verbes en ir, oir, re, er.
Plus des deux tiers des verbes sont terminés
en er, comme parler.

Combien y a-t-il de verbes de *secours* ? —
Il y en a deux, qui sont le verbe *avoir*, et
le verbe *être*. Ils se joignent aux autres verbes
qui en ont besoin, faute d'un mot propre, à
commencer au prétérit indéfini.

Quel est le mot radical d'un verbe ? — C'est
le présent de l'infinitif, parce que de lui pro-
vient la considération des modes, des tems,
des personnes, et des nombres. Considérer un
verbe sous ces points de vue, c'est ce qu'on
appèle conjuguer un verbe.

Est-il nécessaire de savoir conjuguer quelque
verbe ? — Oui ; parce que l'orthographe des
verbes est la plus variable ; cependant elle est
assez régulière dans sa marche. On dit que
quand on sait conjuguer un verbe, on sait plus
de la moitié de l'orthographe. Mais cela n'est
vrai, qu'autant qu'il sert d'exercice sur le tableau.

Combien y a-t-il de tems principaux ? —
Trois, qui sont le tems présent, le passé ou
prétérit, et le futur ou avenir.

Y a-t-il plusieurs passés et futurs ? — Oui ;
dans le sens qu'on les considère sous différentes
nuances.

Ces tems renferment-ils des personnes ? —
Oui ; il y trois personnes au singulier ; savoir,
je, tu, il (elle, on), et trois au pluriel ;
savoir, nous, vous, ils (elles).

Que signifie impératif ? — Ils signifie commandement, ou avis ; exemple . fait , faites mon lit, étudiez votre leçon.

Que signifie subjonctif ? — Il signifie une pensée, qui est comme la dépendance d'une autre ; exemple : il faut que je *fasse*. Ici je *fasse*, sans les mots *il faut que*, ne sifinifie rien.

Qu'est-ce que l'infinitif ? — L'infinitif est une idée générale, qui n'a point de personnes, ni de nombres.

CLASSES D'ORTHOGRÁPHE.

Orthographe des noms.

1.ere régle. Les noms , qui n'ont point au singulier , pour lettre finale , un *s* , ou un *x*, ou un *z* , sont augmentés d'un *s* final au pluriel ; exemple : la porte, les porte*s* ; un cri , les cri*s* ; le fruit, les fruit*s* ; un melon , deux melon*s* ; un écu , quatre écu*s*.

2.e Les noms qui finissent au singulier par une de ces trois consonnes s , x , z , ne s'écrivent point autrement au pluriel ; exemple : le discours , les discours ; la voix , les voix ; le nez , les nez.

3e. Quand les noms finissent au singulier par le son bref des voyelles composées ou , eu , eau , ils prennent un x au pluriel, et le

son de la voyelle composée y est long; exemple :
un fou , le jeu , un veau ; les foux, les jeux ,
les veaux.

4.ᵉ Remarquons que les noms qui se termi—
nent au singulier par le son *oû* long , pren—
nent un *x* au singulier comme au pluriel ; exem—
ple : un époûx , les époûx. Il en est de même
des noms en eû ; exemple : un l'épreux , les
l'épreux.

5.ᵉ Remarquons encore que les noms qui se
terminent au singulier en *al* , se terminent or—
dinairement en aux, au pluriel ; exemple : un
animal , deux animaux ; le travail , les travaux.

Orthographe des relatifs.

1.⁰ Les relatifs suivent la règle des noms , et
prennent ordinairement un *s* final au pluriel ,
pour le distinguer du singulier ; exemple : un
ami *sincère* est *rare* ; les amis *sincères* sont
rares.

2.⁰ Il y a beaucoup de relatifs qui prennent
un *e* muet au féminin ; cet e fait prononcer
longue la voyelle qui le précéde ; exemple :
votre sœur est mon ami*e* ; ma mère a été re—
connu*e*, et fêté*e* à Paris. Il fait dans quelques
relatifs une syllabe de plus; exemple : prudent,
pruden*te*.

Orthographe des verbes.

1.º La première personne du présent de l'indicatif , prend ordinairement un *s* final , excepté dans les verbes en er , et dans le verbe avoir ; les verbes en *frir , vrir ,* comme couvrir , ouvrir , souffrir , font je couvre , j'ouvre , je souffre ; aller fait je *vais.* Pouvoir, valoir , vouloir , font je *peux* , je *vaux* , je *veux.*

2.º Les secondes personnes du singulier de tous les tems , ont un *s* final , excepté dans les verbes pouvoir, vouloir , valoir, qui font tu *peux* , tu *veux* , tu *vaux.*

3.º La troisième personne du singulier du présent de l'indicatif , se termine différemment dans les verbes ; exemple : il parle , il lit , il rend , il vient , il a , il va , il ouvre.

4.º Les premières personnes du pluriel ont toujours un *s* final ; exemple : nous parlons , nous sommes , nous parlâmes.

5.º Les secondes personnes du pluriel ont, pour lettre finale , un s ou un z , suivant que le son de la voyelle est muet, ou fermé ; exemple : vous dites, vous parlez ; vous parlâtes , vous parlerez.

6.º Toutes les troisièmes personnes du pluriel , ont dans tous les tems, pour lettres finales, les deux consonnes *nt* ; exemple : ils parlent , ils parlaient, ils parleront, ils parlèrent, ils parleraient.

7.° L'imparfait et le plusque parfait de de l'indicatif, les conditionnels se terminent par le son d'è ouvert, et s'écrivent par ê triple ainsi, *ois* ou mieux *ais*, parce que *ais* fait toujours è; au lieu que *ois* est tantôt diphthongue, et tantôt voyelle composée (1).

8.° Les verbes en *ger*, *guer*, *quer*, terminent leur imparfait en è quadruple ainsi, *eais*, ou *uais* (*eois*, ou *uois*); exemple : je

---

(1) Il est visible, il est certain qu'il vaut mieux ne pas orthographier de même je conçois, je concevois, qui sont deux sons différens. Qu'on s'accorde donc enfin à écrire la diphthongue *ois* par *ois*, et la voyelle composée *ois* par *ais*. Alors ces deux terminaisons auraient chacune un son fixe, et n'embarrasseraient plus tant les enfans. En effet, comment se peut-il faire qu'un enfant puisse lire correctement ce qui suit, l'orthographe étant la même, et la prononciation différente : je conn*ois* et je v*ois* souvent un Hollando*is*, un Dano*is* ; un Anglo*is*, un Suédo*is* ; un Polono*is*, un Gêno*is* ; qui se v*oient* maintenant, et qui ne se v*oyoient* plus depuis un mois. Il est bien moins embarrassé, quand il voit les mêmes mots imprimés ainsi : je conn*ais* et je v*ois* souvent un Hollando*is*, un Danois ; un Angl*ais*, un Suédois; un Polon*ais*, et un Gênois; qui se voient maintenant, et qui ne se v*oyaient* plus depuis un mois.

mang*eais*, je conjug*uais*, j'expliqu*ais* (ou je
mange*ois*, j'expliqu*ois*).

9.º Quand la première personne du singulier est en *ais* triple, la troisième personne du pluriel est en *eaient* quintuple. Quand la première est en *eais* quadruple, la troisième du pluriel est en *eaient*, ou *uaient* sextuples ; exemple : je parl*ais*, ils parl*aient* ; je song*eais*, ils song*eaient*.

10.º La troisième personne du singulier, qui se termine par le son d'un *a* bref, ne prend nulle part de *t* final ; exemple : il a , il va, il parla, il dira ; mais quand *a* est long, il prend un *t* ; exemple : il fallait qu'il parl*ât*.

11.º Les verbes en er seulement, font la première personne du singulier du présent de l'indicatif en *ai* double, ou en *eai*, *uai* triple, suivant le verbe ; exemple : je parl*ai*, je mangeai, je conjug*uai*. Ces terminaisons sont des *é* fermés à l'oreille.

12.º La troisième personne du singulier du prétérit des verbes , qui ne sont point en er ,

prend un t final ; exemple : hier il dit, il lut,
il vit, il apperçut, il vint.

13.º La première personne du singulier du
futur, se termine toujours en ai double
é
fermé; exemple : je parler*ai*, j'aur*ai*, je serai.
Ainsi, on peut dire que les futurs sont toujours
fermés, et les conditionnels sont toujours ou-
verts ; exemple : je parler*ai*, je parler*ais*.

14.º La première personne de l'imparfait du
subjonctif, se forme de la première personne
du prétérit de l'indicatif dans les verbes en ir,
oir, re, et de la seconde personne dans les
verbes en er, en ajoutant ces deux lettres *se* ;
exemple : je lus, que je lusse ; je vins, que
je vinsse ; tu parlas, que je parlasse.

15.º Il se trouve deux *ss* de suite dans
les personnes de l'imparfait du subjonctif,
excepté à la troisième personne du singulier,
laquelle se prononce longue et prend un circonflexe ; exemple : que je disse, que tu disses,
qu'il dît ; que je parlasse, que tu parlasses,
qu'il parlât, que nous parlassions ; etc.

16.º L'impératif des verbes en er s'écrit sans
s ; exemple : parle, joûe, étudie, va.

Observation commune. Les trois consonnes
b, m, p demandent la consonne m devant

elles ; exemple : plomb, tomber, commander, femme, camp, compagnie.

Utilité de cette méthode.

1.º Elle oblige, d'après la raison, les autorités et l'expérience, à prononcer exactement les sons justes dans tous les cas, pour la justesse de l'oreille.

2.º Elle fournit des moyens clairs et faciles pour faire abandonner la routine absurde qui trompe, retarde, ou arrête absolument les enfans.

3.º Elle peut satisfaire la raison des étrangers, sur les difficultés provenantes de la nature des lettres, et de leur ensemble ; car ils aiment les moyens propres à les débrouiller.

4.º Elle explique les différens sons de quelques consonnes, et montre par une cédille sous ç, et par un point sur ġ les deux sons différens de *c* et de *g*.

On se propose d'indiquer dans la suite les diversités de sons de quelques autres lettres.

5.º Elle répand la lumière sur les embarras de voyelles plus ou moins compliquées, par la distribution des voyelles composées en différentes classes.

6.º Elle procure de nouveaux moyens trèsfaciles, pour apprendre sans dégoût l'orthographe

graphe. Le maître peut se servir même de quelques signes qui répondent au nombre des lettres des voyelles composées ; ces signes sont une espèce de jeu très-instructif, qui fixe les yeux.

7.º Le relatif, que j'ai pris et expliqué dans un sens nouveau, comme moyen de clarté et de facilité, en faveur seulement de la première classe de l'instruction commune, est très-intelligible et d'une grande utilité.

8.º Elle est une espèce de bureau typographique simplifié ; car elle abrège le tems, et parle plus sensiblement aux yeux, en montrant les lettres sur le tableau, placé sur le mur.

9.º Elle apprend à lire et écrire beaucoup plus promptement (sur-tout dans les écoles publiques ; 1.º parce que l'épelation est bien plus juste et plus courte ; 2.º parce qu'elle demande d'après la raison, l'autorité des auteurs et l'expérience, que l'on fasse écrire, dès que l'on commence à lire, à moins qu'un enfant né fût trop petit.

10.º Elle demande que le maître démontre et exerce tous les jours sur le tableau ; car il n'y a point de tems plus utilement employé que celui de la démonstration et de l'exercice.

Le zélé Sicard apprend aux sourds et muets, à lire et à écrire sur le tableau, dès le premier jour de l'instruction ; par ce moyen il a la astisfaction de voir que ses élèves savent leur alphabet au bout de quatre ou cinq jours. Rien n'est plus important que cette vérité, aujourd'hui bien reconnue. Combien d'enfans ont été retirés de l'école par leurs parens, au moment où ils allaient commencer à écrire. S'ils avaient appris en même-tems à lire et à écrire, ils auraient su écrire passablement à cette époque. C'est donc une faute dans l'enseignement, de ne faire commencer à écrire, qu'après qu'on est censé savoir assez bien lire ; sur-tout si on est déjà avancé en âge.

11.º Elle est applicable à toutes les langues, dans le sens que la raison demande que dans toutes celles dont l'orthographe est compliquée, il faut, après la connaissance des lettres, donner toute son attention à connaître les voyelles composées, et les diphthongues (si elles en ont), pour épeler par le son simple attribué à l'ensemble de ces voyelles.

Enfin, elle est d'une utilité toute particulière pour la classe, ou les simples pensionnats des filles : (*les garçons apprennent le latin, qui fait apprendre les règles du français en même-tems*) parce qu'elle supplée aux abregés de grammaire faits pour l'orthographe, en leur présentant ce qui concerne l'éducation primaire, sous des formes plus simples et plus propres à être retenues toute la vie, par mémoire ou pratique. Un peu de grammaire s'oublie bien vîte. L'étude suivie de la grammaire ne convient qu'aux demoiselles fortunées.

Ajoutons qu'elle est également utile aux garçons, qui ne veulent point apprendre le latin dans les pensionnats. Les instituteurs auront moins de peine à leur apprendre ce qui est le plus-important dans l'éducation.

Avis sur la lecture du latin.

On prononce les lettres finales :

um er es ch	} *final*, se prononce comme {	om. èr. ès. k.

quam, quas, comme qouam, qòuas.
quod, quos, quot, comme qod, qos, qot.

ph rh th chr	} se prononce comme {	f. r. t. cr.

Accent aigu, marque une syllable longue.

TABLE.

MODÈLE DE TABLEAU,

Qui doit être placé sur les murs, pour servir à la démonstration, parce que les lettres avec leurs combinaisons ordinaires, sont les pierres fondamentales de la langue, et qu'on a besoin souvent d'y avoir recours. Le Maître l'écrira en grosses lettres, de six lignes au moins. Il mettra chaque chose sur un petit papier ou sur une carte, pour les séparer, le plus qu'on pourra, les unes des autres, afin d'éviter la confusion. Il écrira les avis et les applications en écriture ordinaire.

ALPHABET SIMPLE.

Voyelles, a, i, y, o, u, ê, è, é, e. *Accens* ^ ` ´

Consonnes, be, ce, de, ge, he, je, le, me, ne, pe, qe, re, se, te, ve, xe, ze, che, gne, phe (f), rhe (r), the (t).

Consonnes inséparables, ou prononcées inséparablememt. ble, cre, dre, fle, gre, ple, ste, vre, sple, stre, phthe (fte).

ALPHABET RAISONNÉ.

Prononcez de même, k, q, qu, que *et* c devant a, o, u, etc.

Prononcez de même, s, ç *et* c devant i, é, è, é, e.

C devant a, o, u, etc. donne le son de k; C devant i, é, è, é, e, donne le son de s ou de ç.

G devant i, é, è, é, e, est à l'oreille j : g devant a, o, u, etc. est un son dur : galon, gobelet.

VOYELLES COMPOSÉES, ect.

Voyelles doubles, aie, aii, eie, auo, ou, eu, œu, iei, ueu, èse, eaa.

Voyelles triples, aie e, ais e, ois e; est e, eai e, eai, e, eau o, oûe oû,

Voyelles quadruples, aies e, eais i, eois e, ient i, uent u, eaux o.

Voyelles quintuples, aient e, ayent e, oient e, ouent oû.

Voyelles sextuples, eaient e, eoient e, uaient e, uoient e; (ils mangeaient, ils expliquoient).

Voyelles nazales, am, an; im, in; om, on; um, un; aim, ain, ein, ean an, eon on, ean an, ean an.

Dipthongues, oi, ois, oient, oin, ouin.

Syllabes mouillées, ail, eil, euil; aille, eille, euille, ouille.